तुलसीदास

तुलसीदास

सम्पादित
फाल्गुनी राठौर

JPD
JAWAHAR PUBLISHERS & DISTRIBUTORS

First published in India in 2017 by
JAWAHAR PUBLISHERS & DISTRIBUTORS, Delhi

ISBN: 978-93-86535-10-8

JAWAHAR PUBLISHERS & DISTRIBUTORS
46, Samachar Apartment, Mayur Vihar-I,New Delhi 110091
Email: jawaharpdd@gmail.com Mobile: 9654054681

Printed and Bound in
Delhi

₹ 595/-

तुलसीदास

अनुक्रम

1	जन्मकाल	9
2	तुलसीदास के जीवन की ऐतिहासिक घटनाएं	15
3	तुलसीदास की रचनाएँ	25
4	तुलसीदास और उनका युग	28
5	तुलसीदास की धार्मिक विचारधारा	35
6	दोहावली	44
7	तुलसीदास पद	95

भूमिका

महान कवि तुलसीदास की प्रतिभा–किरणों से न केवल हिन्दू समाज और भारत, बल्कि समस्त संसार आलोकित हो रहा है । बड़ा अफसोस है कि उसी कवि का जन्म–काल विवादों के अंधकार में पड़ा हुआ है। अब तक प्राप्त शोध–निष्कर्ष भी हमें निश्चितता प्रदान करने में असमर्थ दिखाई देते हैं। मूलगोसाईं–चरित के तथ्यों के आधार पर डा० पीताम्बर दत्त बड़थ्वाल और श्यामसुंदर दास तथा किसी जनश्रुति के आधार पर मानसमयंक – कार भी १५५४ का ही समर्थन करते हैं। इसके पक्ष में मूल गोसाईं–चरित की निम्नांकित पंक्तियों का विशेष उल्लेख किया जाता है।

पंद्रह सै चौवन विषै, कालिंदी के तीर,

सावन सुक्ला सत्तमी, तुलसी धरेउ शरीर ।

इस पुस्तक में तुलसीदास के जीवन परिचय और उनकी रचनाओं का वर्णन विस्तार से किया गया है। इस पुस्तक की भाषा सरल और सुबोध है।

1
जन्मकाल

महान कवि तुलसीदास की प्रतिभा. किरणों से न केवल हिन्दू समाज और भारत बल्कि समस्त संसार आलोकित हो रहा है। बड़ा अफसोस है कि उसी कवि का जन्म. काल विवादों के अंधकार में पड़ा हुआ है। अब तक प्राप्त शोध. निष्कर्ष भी हमें निश्चितता प्रदान करने में असमर्थ दिखाई देते हैं। मूलगोसाईं. चरित के तथ्यों के आधार पर डा० पीताम्बर दत्त बड़थ्वाल और श्यामसुंदर दास तथा किसी जनश्रुति के आधार पर मानसमयंकश्ह. कार भी १५५४ का ही समर्थन करते हैं। इसके पक्ष में मूल गोसाईं. चरित की निम्नांकित पंक्तियों का विशेष उल्लेख किया जाता है।

पंद्रह सै चौवन विषैए कालिंदी के तीर।
सावन सुक्ला सत्तमीए तुलसी धरेउ शरीर ।

तुलसीदास की जन्म भूमि

तुलसीदास की जन्मभूमि होने का गौरव पाने के लिए अब तक राजापुर बांदा सोरों एटा हाजीपुर यचित्रकूट के निकट तथा तारी की ओर से प्रयास किए गए हैं। संत तुलसी साहिब के आत्मोल्लेखों राजापुर के सरयूपारीण ब्राह्मणों को प्राप्त मुआफीश् आदि बहिर्साक्ष्यों

और अयोध्याकांड मानस के तायस प्रसंगए भगवान राम के वन गमन के क्रम में यमुना नदी से आगे बढ़ने पर व्यक्त कवि का भावावेश आदि अंतर्साक्ष्यों तथा तुलसी. साहित्य की भाषिक वृत्तियों के आधार पर रामबहोरे शुक्ल राजापुर को तुलसी की जन्मभूमि होना प्रमाणित हुआ है।

रामनरेश त्रिपाठी का निष्कर्ष है कि तुलसीदास का जन्म स्थान सोरों ही है। सोरों में तुलसीदास के स्थान का अवशेषए तुलसीदास के भाई नंददास के उत्तराधिकारी नरसिंह जी का मंदिर और वहां उनके उत्तराधिकारियों की विद्यमानता से त्रिपाठी और गुप्त जी के मत को परिपुष्ट करते हैं।

जाति एवं वंश

जाति और वंश के सम्बन्ध में तुलसीदास ने कुछ स्पष्ट नहीं लिखा है। कवितावली एवं विनयपत्रिका में कुछ पंक्तियां मिलती हैंए जिनसे प्रतीत होता है कि वे ब्राह्मण कुलोत्पन्न थे.

दियो सुकुल जनम सरीर सुदर हेतु जो फल चारि को
जो पाइ पंडित परम पद पावत पुरारि मुरारि को ।

यविनयपत्रिका

भागीरथी जलपान करौं अरु नाम द्वै राम के लेत नितै हों।
मोको न लेनो न देनो कछु कलि भूलि न रावरी और चितैहौ ।।

* *

जानि के जोर करौं परिनाम तुम्हैं पछितैहौं पै मैं न भितैहैं
बाह्मण ज्यों उंगिल्यो उरगारि हौं त्यों ही तिहारे हिए न हितै हौं।

* *

जाति. पांति का प्रश्न उठने पर वह चिढ़ गये हैं। कवितावली की

निम्नांकित पंक्तियों में उनके अंतर का आक्रोश व्यक्त हुआ है.

* *

धूत कहौ अवधूत कहौ रजपूत कहौ जोलहा कहौ कोऊ काहू की
बेटी सों बेटा न व्याहब

काहू की जाति बिगारी न सोऊ।।

* *

मेरे जाति. पांति न चहौं काहू का जाति. पांति।

मेरे कोऊ काम को न मैं काहू के काम को।

* *

राजापुर से प्राप्त तथ्यों के अनुसार भी वे सरयूपारीण थे। तुलसी साहिब के आत्मोल्लेख एवं मिश्र बंधुओं के अनुसार वे कान्यकुब्ज ब्राह्मण थे। जबकि सोरों से प्राप्त तथ्य उन्हें सना ब्राह्मण प्रमाणित करते हैए लेकिन दियो सुकुल जनम सरीर सुंदर हेतु जो फल चारि कोश् के आधार पर उन्हें शुक्ल ब्राह्मण कहा जाता है। परंतु शिवसिंह सरोजश् के अनुसार सरबरिया ब्राह्मण थे।

ब्राह्मण वंश में उत्पन्न होने के कारण कवि ने अपने विषय में जायो कुल मंगनश् लिखा है। तुलसीदास का जन्म अर्थहीन ब्राह्मण परिवार में हुआ थाए जिसके पास जीविका का कोई ठोस आधार और साधन नहीं था। माता. पिता की स्नेहिल छाया भी सर पर से उठ जाने के बाद भिक्षाटन के लिए उन्हें विवश होना पड़ा।

माता–पिता

तुलसीदास के माता पिता के संबंध में कोई ठोस जानकारी नहीं है। प्राप्त सामग्रियों और प्रमाणों के अनुसार उनके पिता का नाम आत्माराम दूबे था। किन्तु भविष्यपुराण में उनके पिता का नाम श्रीधर बताया गया है। रहीम के दोहे के आधार पर माता का नाम हुलसी बताया जाता है।

सुरतिय नरतिय नागतियए सब चाहत अस होय ।
गोद लिए हुलसी फिरैंए तुलसी सों सुत होय ।।

* *

गुरु

तुलसीदास के गुरु के रुप में कई व्यक्तियों के नाम लिए जाते हैं। भविष्यपुराण के अनुसार राघवानंद विलसन के अनुसार जगन्नाथ दासए सोरों से प्राप्त तथ्यों के अनुसार नरसिंह चौधरी तथा ग्रियर्सन एवं अंतर्साक्ष्य के अनुसार नरहरि तुलसीदास के गुरु थे। राघवनंद के एवं जगन्नाथ दास गुरु होने की असंभवता सिद्ध हो चुकी है। वैष्णव संप्रदाय की किसी उपलब्ध सूची के आधार पर ग्रियर्सन द्वारा दी गई सूची मेंए जिसका उल्लेख राघवनंद तुलसीदास से आठ पीढ़ी पहले ही पड़ते हैं। ऐसी परिस्थिति में राघवानंद को तुलसीदास का गुरु नहीं माना जा सकता।

सोरों से प्राप्त सामग्रियों के अनुसार नरसिंह चौधरी तुलसीदास के गुरु थे। सोरों में नरसिंह जी के मंदिर तथा उनके वंशजों की विद्यमानता से यह पक्ष संपुष्ट हैं। लेकिन महात्मा बेनी माधव दास के मूल गोसाईं. चरितश् के अनुसार हमारे कवि के गुरु का नाम नरहरि है।

ज्वच

बाल्यकाल और आर्थिक स्थिति

तुलसीदास के जीवन पर प्रकाश डालने वाले बहिर्साक्ष्यों से उनके माता. पिता की सामाजिक और आर्थिक स्थिति पर प्रकाश नहीं पड़ता। केवल मूल गोसाईं. चरितश् की एक घटना से उनकी चिंत्य आर्थिक स्थिति पर क्षीण प्रकाश पड़ता है। उनका यज्ञोपवीत कुछ ब्राह्मणों ने सरयू के तट पर कर दिया था। उस उल्लेख से यह प्रतीत होता है कि किसी सामाजिक और जातीय विवशता या कर्तव्य. बोध से प्रेरित

होकर बालक तुलसी का उपनयन जाति वालों ने कर दिया था।

तुलसीदास का बाल्यकाल घोर अर्थ. दारिद्रय में बीता। भिक्षोपजीवी परिवार में उत्पन्न होने के कारण बालक तुलसीदास को भी वही साध ान अंगीकृत करना पड़ा। कठिन अर्थ. संकट से गुजरते हुए परिवार में नये सदस्यों का आगमन हर्षजनक नहीं माना गया .

जायो कुल मंगन बधावनो बजायो सुनिए

भयो परिताप पाय जननी जनक को ।

बारें ते ललात बिललात द्वार. द्वार दीनए

जानत हौं चारि फल चारि ही चनक को ।

यकवितावली

मातु पिता जग जाय तज्यो विधि हू न लिखी कछु भाल भलाई ।

नीच निरादर भाजन कादर कूकर टूकनि लागि ललाई ।

राम सुभाउ सुन्यो तुलसी प्रभुए सो कह्यो बारक पेट खलाई ।

स्वारथ को परमारथ को रघुनाथ सो साहब खोरि न लाई ।।

होश संभालने के पुर्व ही जिसके सर पर से माता. पिता के वात्सल्य और संरक्षण की छाया सदा .सर्वदा के लिए हट गयीए होश संभालते ही जिसे एक मुट्ठी अन्न के लिए द्वार. द्वार विललाने को बाध य होना पड़ाए संकट. काल उपस्थित देखकर जिसके स्वजन. परिजन दर किनार हो गएए चार मुट्ठी चने भी जिसके लिए जीवन के चरम प्राप्य यअर्थए धर्म काम और मोक्ष बन गएए वह कैसे समझे कि विधाता ने उसके भाल में भी भलाई के कुछ शब्द लिखे हैं। उक्त पदों में व्यंजित वेदना का सही अनुभव तो उसे ही हो सकता हैए जिसे उस

दारुण परिस्थिति से गुजरना पड़ा हो। ऐसा ही एक पद विनयपत्रिका में भी मिलता है .

द्वार. द्वार दीनता कही काढि रद परिपा हूं

हे दयालुए दुनी दस दिसा दुख.दोस.दलन.छम कियो संभाषन का हूँ।

तनु जन्यो कुटिल कोट ज्यों तज्यों मातु.पिता हूं ।

काहे को रोष. दोष काहि धौं मेरे ही अभाग मो सी सकुचत छुइ सब छाहूं।

यविनयपत्रिकाए २७५

2

तुलसीदास के जीवन की ऐतिहासिक घटनाएं

तुलसीदास के जीवन की कुछ घटनाएं एवं तिथियां भी कम महत्त्वपूर्ण नहीं हैं। कवि के जीवन–वृत्त और महिमामय व्यक्तित्व पर उनसे प्रकाश पड़ता है।

यज्ञोपवीत

मूल गोसाईं चरित के अनुसार तुलसीदास का यज्ञोपवीत माघ शुक्ला पंचमी सं० १५६१ में हुआ –

पन्द्रह सै इकसठ माघसुदी। तिथि पंचमि औ भृगुवार उदी ।

सरजू तट विप्रन जग्य किए। द्विज बालक कहं उपबीत किए ।।

कवि के माता – पिता की मृत्यु कवि के बाल्यकाल में ही हो गई थी।

* *

विवाह

जनश्रुतियों एवं रामायणियों के विश्वास के अनुसार तुलसीदास विरक्त होने के पूर्व भी कथा–वाचन करते थे। युवक कथावाचक की

विलक्षण प्रतिभा और दिव्य भगवद्भक्ति से प्रभावित होकर रत्नावली के पिता पं० दीन बंधु पाठक ने एक दिन, कथा के अन्त में, श्रोताओं के विदा हो जाने पर, अपनी बारह वर्षीया कन्या उसके चरणों में सौंप दी। मूल गोसाईं चरित के अनुसार रत्नावली के साथ युवक तुलसी का यह वैवाहिक सूत्र सं० १५८३ की ज्येष्ठ शुक्ला त्रयोदशी, दिन गुरुवार को जुड़ा था –

पंद्रह सै पार तिरासी विषै ।

सुभ जेठ सुदी गुरु तेरसि पै ।

अधिराति लगै जु फिरै भंवरी ।

दुलहा दुलही की परी पंवरी ।।

* *

आराध्य–दर्शन

भक्त शिरोमणि तुलसीदास को अपने आराध्य के दर्शन भी हुए थे। उनके जीवन के वे सर्वोत्तम और महत्तम क्षण रहे होंगे। लोक–श्रुतियों के अनुसार तुलसीदास को आराध्य के दर्शन चित्रकूट में हुए थे। आराध्य युगल राम – लक्ष्मण को उन्होंने तिलक भी लगाया था –

चित्रकूट के घाट पै, भई संतन के भीर ।
तुलसीदास चंदन घिसै, तिलक देत रघुबीर ।।

मूल गोसाईं चरित के अनुसार कवि के जीवन की वह पवित्रतम तिथि माघ अमावस्या (बुधवार), सं० १६०७ को बताया गया है।

* *

सुखद अमावस मौनिया, बुध सोरह सै सात ।
जा बैठे तिसु घाट पै, विरही होतहि प्रात ।।

गोस्वामी तुलसीदास के महिमान्वित व्यक्तित्व और गरिमान्वित साधना को ज्योतित करने वाली एक और घटना का उल्लेख मूल गोसाईं चरित में किया गया है। तुलसीदास नंददास से मिलने बृंदावन पहुंचे। नंददास उन्हें कृष्ण मंदिर में ले गए। तुलसीदास अपने आराध्‍य के अनन्य भक्त थे। तुलसीदास राम और कृष्ण की तात्त्विक एकता स्वीकार करते हुए भी राम–रुप श्यामघन पर मोहित होने वाले चातक थे। अतः घनश्याम कृष्ण के समक्ष नतमस्तक कैसे होते। उनका भाव–विभोर कवि का कण्ठ मुखर हो उठा –

* *

कहा कहौं छवि आज की, भले बने हो नाथ ।

तुलसी मस्तक तब नवै, जब धनुष बान लो हाथ ।।

इतिहास साक्षी दे या नहीं द, किन्तु लोक–श्रुति साक्षी देती है कि कृष्ण की मूर्ति राम की मूर्ति में बदल गई थी।

* *

रत्नावली का महाप्रस्थान

रत्नावली का बैकुंठगमन श्मूल गोसाईं चरितश के अनुसार सं० १५८९ में हुआ। किंतु राजापुर की सामग्रियों से उसके दीर्घ जीवन का समर्थन होता है।

मीराबाई का पत्र

महात्मा बेनी माधव दास ने मूल गोसाईं चरित में मीराबाई और तुलसीदास के पत्राचार का उल्लेख किया किया है। अपने परिवार वालों से तंग आकर मीराबाई ने तुलसीदास को पत्र लिखा। मीराबाई पत्र के द्वारा तुलसीदास से दीक्षा ग्रहण करनी चाही थी। मीरा के पत्र के उत्तर में विनयपत्रिका का निम्नांकित पद की रचना की गई।

जाके प्रिय न राम वैदेही

तजिए ताहि कोटि बैरी सम, जद्यपि परम सनेही ।

सो छोड़िये

तज्यो पिता प्रहलाद, विभीषन बंधु, भरत महतारी ।

बलिगुरु तज्यो कंत ब्रजबनितन्हि, भये मुद मंगलकारी ।

नाते नेह राम के मनियत सुहृद सुसेव्य जहां लौं ।

अंजन कहां आंखि जेहि फूटै, बहुतक कहौं कहां लौं ।

तुलसी सो सब भांति परमहित पूज्य प्रान ते प्यारो ।

जासों हाय सनेह राम–पद, एतोमतो हमारो ।।

तुलसीदास ने मीराबाई को भक्ति–पथ के बाधकों के परित्याग का परामर्श दिया था।

* *

केशवदास से संब घटना

मूल गोसाईं चरित के अनुसार केशवदास गोस्वामी तुलसीदास से मिलने काशी आए थे। उचित सम्मान न पा सकने के कारण वे लौट गए।

अकबर के दरबार में बंदी बनाया जाना

तुलसीदास की ख्याति से अभिभूत होकर अकबर ने तुलसीदास को अपने दरबार में बुलाया और कोई चमत्कार प्रदर्शित करने को कहा। यह प्रदर्शन–प्रियता तुलसीदास की प्रकृति और प्रवृत्ति के प्रतिकूल थी, अतः ऐसा करने से उन्होंने इनकार कर दिया। इस पर अकबर ने उन्हें बंदी बना लिया। तदुपरांत राजधानी और राजमहल में बंदरों का अभूतपूर्व एवं अद्‌भुत उपद्रव शुरु हो गया। अकबर को

बताया गया कि यह हनुमान जी का क्रोध है। अकबर को विवश होकर तुलसीदास को मुक्त कर देना पड़ा।

जहांगीर को तुलसी–दर्शन

जिस समय वे अनेक विरोधों का सामना कर सफलताओं और उपलब्धियों के सर्वोच्च शिखर का स्पर्श कर रहे थे, उसी समय दर्शनार्थ जहांगीर के आने का उल्लेख किया गया मिलता है।

दांपत्य जीवन

सुखद दांपत्य जीवन का आधार अर्थ प्राचुर्य नहीं, पति –पत्नि का पारस्परिक प्रेम, विश्वास और सहयोग होता है। तुलसीदास का दांपत्य जीवन आर्थिक विपन्नता के बावजूद संतुष्ट और सुखी था। भक्तमाल के प्रियादास की टीका से पता चलता है कि जीवन के वसंत काल में तुलसी पत्नी के प्रेम में सराबोर थे। पत्नी का वियोग उनके लिए असह्य था। उनकी पत्नी–निष्ठा दिव्यता को उल्लंघित कर वासना और आसक्ति की ओर उन्मुख हो गई थी।

रत्नावली के मायके चले जाने पर शव के सहारे नदी को पार करना और सपं के सहारे दीवाल को लांघकर अपने पत्नी के निकट पहुंचना। पत्नी की फटकार ने भोगी को जोगी, आसक्त को अनासक्त, गृहस्थ को सन्यासी और भांग को भी तुलसीदल बना दिया। वासना और आसक्ति के चरम सीमा पर आते ही उन्हें दूसरा लोक दिखाई पड़ने लगा। इसी लोक में उन्हें मानस और विनयपत्रिका जैसी उत्कृ टतम रचनाओं की प्रेरणा और सिसृक्षा मिली।

वैराग्य की प्रेरणा

तुलसीदास के वैराग्य ग्रहण करने के दो कारण हो सकते हैं। प्रथम, अतिशय आसक्ति और वासना की प्रतिक्रिया ओर दूसरा, आर्थिक विपन्नता। पत्नी की फटकार ने उनके मन के समस्त विकारों

को दूर कर दिया। दूसरे कारण विनयपत्रिका के निम्नांकित पदांशों से प्रतीत होता है कि आर्थिक संकटों से परेशान तुलसीदास को देखकर सन्तों ने भगवान राम की शरण में जाने का परामर्श दिया –

दुखित देखि संतन कह्यो, सोचौ जनि मन मोहूं
तो से पसु पातकी परिहरे न सरन गए रघुबर ओर निबाहूं ।।

* *

तुलसी तिहारो भये भयो सुखी प्रीति–प्रतीति विनाहू ।
नाम की महिमा, सीलनाथ को, मेरो भलो बिलोकि, अबतें ।।

रत्नावली ने भी कहा था कि इस अस्थि – चर्ममय देह में जैसी प्रीति है, ऐसी ही प्रीति अगर भगवान राम में होती तो भव–भीति मिट जाती। इसीलिए वैराग्य की मूल प्रेरणा भगवदाराधन ही है।

* *

तुलसी का निवास – स्थान

विरक्त हो जाने के उपरांत तुलसीदास ने काशी को अपना मूल निवास–स्थान बनाया। वाराणसी के तुलसीघाट, घाट पर स्थित तुलसीदास द्वारा स्थापित अखाड़ा, मानस और विनयपत्रिका के प्रणयन–कक्ष, तुलसीदास द्वारा प्रयुक्त होने वाली नाव के शेषांग, मानस की १७०४ ई० की पांडुलिपि, तुलसीदास की चरण–पादुकाएं आदि से पता चलता है कि तुलसीदास के जीवन का सर्वाधिक समय यहीं बीता। काशी के बाद कदाचित् सबसे अधिक दिनों तक अपने आराध्य की जन्मभूमि अयोध्या में रहे। मानस के कुछ अंश का अयोध्या में रचा जाना इस तथ्य का पुष्कल प्रमाण है।

तीर्थाटन के क्रम में वे प्रयाग, चित्रकूट, हरिद्वार आदि भी गए। बालकांड के दधि चिउरा उपहार अपारा। भरि–भरि कांवर चले कहारा तथा सूखत धान परा जनु पानी से उनका मिथिला–प्रवास भी सिद्ध

होता है। धान की खेती के लिए भी मिथिला ही प्राचीन काल से प्रसिद्ध रही है। धान और पानी का संबंध–ज्ञान बिना मिथिला में रहे तुलसीदास कदाचित् व्यक्त नहीं करते। इससे भी साबित होता है कि वे मिथिला में रहे।

विरोध और सम्मान

जनश्रुतियों और अनेक ग्रंथों से पता चलता है कि तुलसीदास को काशी के कुछ अनुदार पंडितों के प्रबल विरोध का सामना करना पड़ा था। उन पंडितों ने रामचरितमानस की पांडुलिपि को नष्ट करने और हमारे कवि के जीवन पर संकट ढालने के भी प्रयास किए थे। जनश्रुतियों से यह भी पता चलता है कि रामचरितमानस की विमलता और उदात्तता के लिए विश्वनाथ जी के मन्दिर में उसकी पांडुलिपि रखी गई थी और भगवान विश्वनाथ का समर्थन मानस को मिला था। अन्तः विरोधियों को तुलसी के सामने नतमस्तक होना पड़ा था। विरोधों का शमन होते ही कवि का सम्मान दिव्य–गंध की तरह बढ़ने और फैलने लगा। कवि के बढ़ते हुए सम्मान का साक्ष्य कवितावली की निम्नांकित पंक्तियां भी देती हैं –

जाति के सुजाति के कुजाति के पेटागिबस

खाए टूक सबके विदित बात दुनी सो ।

मानस वचनकाय किए पाप सति भाय

राम को कहाय दास दगाबाज पुनी सो ।

* *

राम नाम को प्रभाउ पाउ महिमा प्रताप

तुलसी से जग मानियत महामुनी सो ।

अति ही अभागो अनुरागत न राम पद

मूढ़ एतो बढ़ो अचरज देखि सुनी सो ।।

(कवितावली, उत्तर, ७२)

* *

तुलसी अपने जीवन–काल में ही वाल्मीकि के अवतार माने जाने लगे थे –

त्रेता काव्य निबंध करिव सत कोटि रमायन ।

इक अच्छर उच्चरे ब्रह्महत्यादि परायन ।।

* *

पुनि भक्तन सुख देन बहुरि लीला विस्तारी ।

राम चरण रस मत्त रहत अहनिसि व्रतधारी ।

संसार अपार के पार को सगुन रुप नौका लिए ।

कलि कुटिल जीव निस्तार हित बालमीकि तुलसी भए ।।

(भक्तमाल, छप्पय १२६)

* *

पं० रामनरेश त्रिपाठी ने काशी के सुप्रसिद्ध विद्वान और दार्शनिक श्री मधुसूदन सरस्वती को तुलसीदास का समसामयिक बताया है। उनके साथ उनके वादविवाद का उल्लेख किया है और मानस तथा तुलसी की प्रशंसा में लिखा उनका श्लोक भी उद्धृत किया है। उस श्लोक से भी तुलसीदास की प्रशस्ति का पता मालूम होता है।

आनन्दकाननेह्यस्मिन् जंगमस्तुलसीतरु।

कविता मंजरी यस्य, राम–भ्रमर भूषिता ।

* *

जीवन की सांध्य वेला

तुलसीदास को जीवन की सांध्य वेला में अतिशय शारीरिक कष्ट हुआ था। तुलसीदास बाहु की पीड़ा से व्यथित हो उठे तो असहाय बालक की भांति आराध्य को पुकारने लगे थे।

घेरि लियो रोगनि कुजोगनि कुलोगनि ज्यौं,

बासर जलद घन घटा धुकि धाई है ।

बरसत बारि पोर जारिये जवासे जस,

रोष बिनु दोष, धूम–मूलमलिनाई है ।।

* *

करुनानिधान हनुमान महा बलबान,

हेरि हैसि हांकि फूंकि फौजें तै उड़ाई है ।

खाए हुतो तुलसी कुरोग राढ़ राकसनि,

केसरी किसोर राखे बीर बरिआई है ।

(हनुमान बाहुक, ३५)

* *

निम्नांकित पद से तीव्र पीड़ारुभूति और उसके कारण शरीर की दुर्दशा का पता चलता हैं –

पायेंपीर पेटपीर बांहपीर मुंहपीर

जर्जर सकल सरी पीर मई है ।

देत भूत पितर करम खल काल ग्रह,

मोहि पर दवरि दमानक सी दई है ।।

* *

हौं तो बिन मोल के बिकानो बलि बारे हीं तें,

ओट राम नाम की ललाट लिखि लई है ।

कुंभज के निकट बिकल बूड़े गोखुरनि,

हाय राम रा ऐरती हाल कहुं भई है ।।

* *

दोहावली के तीन दोहों में बाहु–पीड़ा की अनुभूति –

तुलसी तनु सर सुखजलज, भुजरुज गज बर जोर ।

दलत दयानिधि देखिए, कपिकेसरी किसोर ।।

भुज तरु कोटर रोग अहि, बरबस कियो प्रबेस ।

बिहगराज बाहन तुरत, काढिअ मिटे कलेस ।।

बाहु विटप सुख विहंग थलु, लगी कुपीर कुआगि ।

राम कृपा जल सींचिए, बेगि दीन हित लागि ।।

* *

आजीवन काशी में भगवान विश्वनाथ का राम कथा का सुधापान कराते–कराते असी गंग के तीर पर सं० १६८० की श्रावण शुक्ला सप्तमी के दिन तुलसीदास पांच भौतिक शरीर का परित्याग कर शाश्वत यशः शरीर में प्रवेश कर गए।

3

तुलसीदास की रचनाएँ

अपने दीर्घ जीवन–काल में तुलसीदास ने कालक्रमानुसार निम्नलिखित काल जयी ग्रन्थों की रचनाएं कीं – रामललानहछू, वैराग्यसंदीपनी, रामाज्ञाप्रश्न, जानकी–मंगल, रामचरितमानस, सतसई, पार्वती–मंगल, गीतावली, विनय–पत्रिका, कृष्ण–गीतावली, बरवै रामायण, दोहावली और कवितावली (बाहुक सहित)। इनमें से रामचरितमानस, विनयपत्रिका, कवितावली, गीतावली जैसी कृतियों के विषय में यह आर्षवाणी सही घटित होती है – पश्य देवस्य काव्यं, न ममार न जीर्यति।

गोस्वामी तुलसीदास की प्रामाणिक रचनाएं

लगभग चार सौ वर्ष पूर्व गोस्वामी जी ने अपने काव्यों की रचना की। आधुनिक प्रकाशन–सुविधाओं से रहित उस काल में भी तुलसीदास का काव्य जन–जन तक पहुंच चुका था। यह उनके कवि रुप में लोकप्रिय होने का प्रमाण है। मानस के समान दीर्घकाय ग्रंथ को कंठाग्र करके सामान्य पढ़े लिखे लोग भी अपनी शुचिता एवं ज्ञान के लिए प्रसिद्ध हो जाने लगे थे।

रामचरितमानस गोस्वामी जी का सर्वाति लोकप्रिय ग्रंथ रहा है। तुलसीदास ने अपनी रचनाओं के सम्बन्ध में कही उल्लेख नहीं किया है, इसलिए प्रामाणिक रचनाओं के संबंध में अंतस्साक्ष्य का अभाव दिखाई

देता है। नागरी प्रचारिणी सभा द्वारा प्रकाशित ग्रंथ इसप्रकार हैं।

१ रामचरितमानस

२ रामललानहछू

३ वैराग्य–संदीपनी

४ बरवै रामायण

५ पार्वती–मंगल

६ जानकी–मंगल

७ रामाज्ञाप्रश्न

८ दोहावली

६ कवितावली

१० गीतावली

११ श्रीकृष्ण–गीतावली

१२ विनयपत्रिका

१३ सतसई

१४ छंदावली रामायण

१५ कुंडलिया रामायण

१६ राम शलाका

१७ संकट मोचन

१८ करखा रामायण

१६ रोला रामायण

२० झूलना

२१ छप्पय रामायण

२२ कवित्त रामायण

२३ कलिधर्माधर्म निरुपण

एनसाइक्लोपीडिया ऑफ रिलीजन एंड एथिक्स में ग्रियसन महोदय ने भी उपरोक्त प्रथम बारह ग्रंथों का उल्लेख किया है।

4

तुलसीदास और उनका युग

गोस्वामी तुलसीदास न केवल हिन्दी के वरन् उत्तर भारत के सर्वश्रेष्ठ कवि एवं विचारक माने जा सकते हैं। महाकवि अपने युग का ज्ञापक एवं निर्माता होता है। इस कथन की पुष्टि गोस्वामी जी की रचनाओं से सवा सोलह आने होती है। जहां संसार के अन्य कवियों ने साधु–महात्माओं के सिद्धांतों पर आसीन होकर अपनी कठोर साधना या तीक्ष्ण अनुभूति तथा घोर धार्मिक कट्टरता या सांप्रदायिक असहिष्णुता से भरे बिखरे छंद कहे हैं और अखंड ज्योति की कौंध में कुछ रहस्यमय, धुंधली और अस्फुट रेखाएं अंकित की हैं अथवा लोक–मर्मज्ञ की हैसियत से सांसारिक जीवन के तप्त या शीतल एकांत चित्र खींचे हैं, जो धर्म एवं अध्यात्म से सर्वथा उदासीन दिखाई देते हैं, वहीं गोस्वामीजी ही ऐसे कवि हैं, जिन्होंने इन सभी के नानाविधा भावों को एक सूत्र में गुफित करके अपना अनुपमेय साहित्यिक उपहार प्रदान किया है।

काव्य प्रतिभा के विकास–क्रम के आधार पर उनकी कृतियों का वर्गीकरण इस प्रकार हो सकता है – प्रथम श्रेणी, द्वितीय श्रेणी और तृतीय श्रेणी। प्रथम श्रेणी में उनके काव्य–जीवन के प्रभातकाल की वे कृतियां आती हैं जिनमें एक साधारण नवयुवक की रसिकता, सामान्य

काव्यरीति का परिचय, सामान्य सांसारिक अनुभव, सामान्य सहृदयता तथा गंभीर आध्यात्मिक विचारों का अभाव मिलता है। इनमें वर्ण्य विषय के साथ अपना तादात्म्य करके स्वानुभूतिमय वर्णन करने की प्रवृत्ति अवश्य वर्तमान है, इसी से प्रारंभिक रचनाएं भी इनके महाकवि होने का आभास देती हैं। इस श्रेणी में रामललानहछू, वैराग्यसंदीपनी, रामाज्ञा–प्रश्न और जानकी–मंगल परिगणनीय हैं।

दूसरी श्रेणी में उन कृतियों को समझना चाहिए जिनमें कवि की लोक–व्यापिनी बुद्धि, उसकी सद्ग्राहिता, उसकी काव्य के सूक्ष्म स्वरुप की पहचान, व्यापक सहृदयता, अनन्य भक्ति और उसके गूढ़ आध्यात्मिक विचार विद्यमान है। इस श्रेणी की कृतियों को हम तुलसी के प्रौढ़ और परिप काव्य–काल की रचनाएं मानते हैं। इसके अंतर्गत रामचरितमानस, पार्वती–मंगल, गीतावली, कृष्ण–गीतावली का समावेश होता है।

अंतिम श्रेणी में उनकी उत्तरकालीन रचनाएं आती हैं। इनमें कवि की प्रौढ़ प्रतिभा ज्यों की त्यों बनी हुई है और कुछ में वह आध्यात्मिक विचारों को प्राधान्य देता हुआ दिखाई पड़ता है। साथ ही वह अपनी अंतिम जरावस्था का संकेत भी करता है तथा अपने पतनोन्मुख युग को चेतावनी भी देता है। विनयपत्रिका, बरवै रामायण, कवितावली, हनुमान बाहुक और दोहावली इसी श्रेणी की कृतियां मानी जा सकती हैं।

उसकी दीनावस्था से द्रवीभूत होकर एक संत–महात्मा ने उसे राम की भक्ति का उपदेश दिया। उस बालक नेबाल्यकाल में ही उस महात्मा की कृपा और गुरु–शिक्षा से विद्या तथा रामभक्ति का अक्षय भंडार प्राप्त कर लिया। इसके पश्चात् साधुओं की मंडली के साथ, उसने देशाटन करके प्रत्यक्ष ज्ञान प्राप्त किया।

गोस्वामी जी की साहित्यिक जीवनी के आधार पर कहा जा

सकता है कि वे आजन्म वही रामगुण–गायक बने रहे जो वे बाल्यकाल में थे। इस रामगुण गान का सर्वोत्कृष्ट रुप में अभिव्यक्त करने के लिए उन्हें संस्कृत–साहित्य का अगाध पांडित्य प्राप्त करना पड़ा। रामललानहछू, वैराग्य–संदीपनी और रामाज्ञा–प्रश्न इत्यादि रचनाएं उनकी प्रतिभा के प्रभातकाल की सूचना देती हैं। इसके अनंतर उनकी प्रतिभा रामचरितमानस के रचनाकाल तक पूर्ण उत्कर्ष को प्राप्त कर ज्योतिर्मान हो उठी। उनके जीवन का वह व्यावहारिक ज्ञान, उनका वह कला–प्रदर्शन का पांडित्य जो मानस, गीतावली, कवितावली, दोहावली और विनयपत्रिका आदि में परिलक्षित होता है, वह अविकसित काल की रचनाओं में नहीं है।

उनके चरित्र की सर्वप्रधान विशेषता है उनकी रामोपासना।

धरम के सेतु जग मंगल के हेतु भूमि ।

भार हरिबो को अवतार लियो नर को ।

नीति और प्रतीत–प्रीति–पाल चालि प्रभु मान,

लोक–वेद राखिबे को पन रघुबर को ।।

(कवितावली, उत्तर, छंद० ११२)

* *

काशी–वासियों के तरह–तरह के उत्पीड़न को सहते हुए भी वे अपने लक्ष्य से भ्रष्ट नहीं हुए। उन्होंने आत्मसम्मान की रक्षा करते हुए अपनी निर्भीकता एवं स्पष्टवादिता का संबल लेकर वे कालांतर में एक सिद्ध साधक का स्थान प्राप्त किया।

गोस्वामी तुलसीदास प्रकृत्या एक क्रांतदर्शी कवि थे। उन्हें युग–द्रष्टा की उपाधि से भी विभूषित किया जाना चाहिए था। उन्होंने

तत्कालीन सांस्कृतिक परिवेश को खुली आंखों देखा था और अपनी रचनाओं में स्थान–स्थान पर उसके संबंध में अपनी प्रतिक्रिया भी व्यक्त की है। वे सूरदास, नन्ददास आदि कृष्णभक्तों की भांति जन–सामान्य से संबंध–विच्छेद करके एकमात्र आराध्य में ही लौलीन रहने वाले व्यक्ति नहीं कहे जा सकते बल्कि उन्होंने देखा कि तत्कालीन समाज प्राचीन सनातन परंपराओं को भंग करके पतन की ओर बढ़ा जा रहा है। शासकों द्वारा सतत शोषित दुर्भिक्ष की ज्वाला से दग्ध प्रजा की आर्थिक और सामाजिक स्थिति किंकर्त्तव्यविमूढ़ता की स्थिति में पहुंच गई है –

* *

खेती न किसान को,

भिखारी को न भीख, बलि,

वनिक को बनिज न,

चाकर को चाकरी ।

जीविका विहीन लोग

सीद्यमान सोच बस,

कहैं एक एकन सों

कहाँ जाई, का करी ।।

समाज के सभी वर्ग अपने परंपरागत व्यवसाय को छोड़कर आजीविका–विहीन हो गए हैं। शासकीय शोषण के अतिरिक्त भीषण महामारी, अकाल, दुर्भिक्ष आदि का प्रकोप भी अत्यंत उपद्रवकारी है। काशीवासियों की तत्कालीन समस्या को लेकर यह लिखा –

* *

संकर–सहर–सर, नारि–नर बारि बर,

विकल सकल महामारी मांजामई है ।

उछरत उतरात हहरात मरि जात,

भभरि भगात, थल–जल मीचुमई है ।।

* *

उन्होंने तत्कालीन राजा को चोर और लुटेरा कहा –

गोड़ गँवार नृपाल महि,

यमन महा महिपाल ।

साम न दाम न भेद कलि,

केवल दंड कराल ।।

* *

साधुओं का उत्पीड़न और खलों का उत्कर्ष बड़ा ही विडंबनामूलक था –

वेद धर्म दूरि गये,

भूमि चोर भूप भये,

साधु सीद्यमान,

जान रीति पाप पीन की।

* *

उस समय की सामाजिक अस्त–व्यस्तता का यदि संक्षिप्ततम चित्र –

प्रजा पतित पाखंड पाप रत,

अपने अपने रंग रई है ।

साहिति सत्य सुरीति गई घटि,

बढ़ी कुरीति कपट कलई है।

सीदति साधु, साधुता सोचति,

खल बिलसत हुलसत खलई है ।।

* *

उन्होंने अपनी कृतियों के माध्यम से लोकाराधन, लोकरंजन और लोकसुधार का प्रयास किया और रामलीला का सूत्रपात करके इस दिशा में अपेक्षाकृत और भी ठोस कदम उठाया। गोस्वामी जी का सम्मान उनके जीवन–काल में इतना व्यापक हुआ कि अब्दुर्रहीम खानखाना एवं टोडरमल जैसे अकबरी दरबार के नवरत्न, मधुसूदन सरस्वती जैसे अग्रगण्य शैव साधक, नाभादास जैसे भक्त कवि आदि अनेक समसामयिक विभूतियों ने उनकी मुक्तकंठ से प्रशंसा की। उनके द्वारा प्रचारित राम और हनुमान की भक्ति भावना का भी व्यापक प्रचार उनके जीवन–काल में ही हो चुका था।

रामचरितमानस ऐसा महाकाव्य है जिसमें प्रबंध–पटुता की सर्वांगीण कला का पूर्ण परिपाक हुआ है में उन्होंने उपासना और साधना–प्रधान एक से एक बढ़कर विनयपत्रिका के पद रचे और लीला–प्रधान गीतावली तथा कृष्ण–गीतावली के पद। उपासना–प्रधान पदों की जैसी व्यापक रचना तुलसी ने की है, वैसी इस पद्धति क कवि सूरदास ने भी नहीं की।

काव्य–गगन के सूर्य तुलसीदास ने अपने अमर आलोक से हिन्दी साहित्य–लोक को सर्वभावेन देदीप्यमान किया। उन्होंने काव्य के

विविध स्वरुपों तथा शैलियों को विशेष प्रोत्साहन देकर भाषा को खूब संवारा और शब्द–शक्तियों, ध्वनियों एवं अलंकारों के यथोचित प्रयोगों के द्वारा अर्थ क्षेत्र का अपूर्व विस्तार भी किया। उनकी साहित्यिक देन भव्य कोटि का काव्य होते हुए भी उच्चकोटि का ऐसा शास्त्र है, जो किसी भी समाज को उन्नयन के लिए आदर्श, मानवता एवं आध यात्मिकता की त्रिवेणी में अवगाहन करने का सुअवसर देकर उसमें सत्पथ पर चलने की उमंग भरता है।

5
तुलसीदास की धार्मिक विचारधारा

उनके विचार से वही धर्म सर्वोपरि है जो समग्र विश्व के सारे प्राणियों के लिए शुभंकर और मंगलकारी हो और जो सर्वथा उनका पोषक, संरक्षक और संवर्द्धक हो। उनके नजदीक धर्म का अर्थ पुण्य, यज्ञ, यम, स्वभाव, आवार, व्यवहार, नीति या न्याय, आत्म–संयम, ध ार्मिक संस्कार तथा आत्म–साक्षात्कार है। उनकी दृष्टि में धर्म विश्व के जीवन का प्राण और तेज है।

सत्यतः धर्म उन्नत जीवन की एक महत्त्वपूर्ण और शाश्वत प्रक्रिया और आचरण–संहिता है जो समष्टि–रुप समाज के व्यष्टि–रुप मानव के आचरण तथा कर्मों को सुव्यवस्थित कर रमणीय बनाता है तथा मानव जीवन में उत्तरोत्तर विकास लाता हुआ उसे मानवीय अस्तित्व के चरम लक्ष्य तक पहुंचाने योग्य बनाता है।

विश्व की प्रतिष्ठा धर्म से है तथा वह परम पुरुषार्थ है। इन तीनों धामों में उनका नैक प्राप्त करने के प्रयत्न को सनातन धर्म का त्रिविध ा भाव कहा गया ह। त्रिमार्गगामी इस रुप में है कि वह ज्ञान, भक्ति और कर्म इन तीनो में से किसी एक द्वारा या इनके सामंजस्य द्वारा भगवान की प्राप्ति की कामना करता है उसकी त्रिपथगामिनी गति है।

वह त्रिकर्मरत भी है। मानव–प्रवृत्तियों में सत्य, प्रेम और शक्ति, ये

तीन सर्वाधिक ऊर्ध्वगामिनी वृत्तियां हैं। धर्म है आत्मा से आत्मा को देखना, आत्मा से आत्मा को जानना और आत्मा में स्थित होना।

उन्होंने सनातन धर्म की सारी विधाओं को भगवान की अनन्य सेवा की प्राप्ति के साधन के रुप में ही स्वीकार किया है। उनके समस्त साहित्य में विशेषतः भक्त – स्वभाव वर्णन, धर्म–रथ वर्णन, संत–लक्षण वर्णन, ब्राह्मण–गुरु स्वरुप वर्णन तथा सज्जन–धर्म निरुपण, आदि प्रसंगों में ज्ञान, विज्ञान, विराग, भक्ति, धर्म, सदाचार एवं स्वयं भगवान से संबंधित आत्म–बोध तथा आत्मोत्थान के सभी प्रकार के श्रेष्ठ साधनों का सजीव चित्रण किया गया है। उनके काव्य–प्रवाह में उल्लसित धर्म–कुसुम मात्र कथ्य नहीं बल्कि, अलभ्य चारित्र्य हैं जो विभिन्न उदात्त चरित्रों के कोमल वृत्तों से जगतीतल पर आमोद बिखेरते हैं।

महाभारत में यह वर्णन है कि ब्रह्मा ने संपूर्ण जगत की रक्षा के लिए त्रिरुपात्मक धर्म का विधान किया है –

१ वेदोक्त धर्म जो सर्वोत्कृष्ट धर्म है

२ वेदानुकूल स्मृति–शास्रोक्त स्मा धर्म तथा

३ शिष्ट पुरुषों द्वारा आचरित धर्म (शिष्टाचार)

ये तीनों सनातन धर्म के नाम से विख्यात हैं। संपूर्ण कर्मों की सिद्ध क लिए श्रुति–समृतिरुप शास्र तथा श्रेष्ठ पुरुषों का आचार, ये ही दो साधन हैं।

मनुस्मृति के अनुसार धर्म के पांच उपादान माने गए हैं –

१ अखिल वेद

२ वेदज्ञों की स्मृतियां

३ वेदज्ञों के शील

४ साधुओं के आचार तथा

५ मनस्तुष्टि।

याज्ञवल्क्य–स्मृति में भी लगभग इसी प्रकार के पांच उपादान उपलब्ध हैं –

१ श्रुति

२ समृति

३ सदाचार

४ आत्मप्रियता

५ सम्यक् संकल्पज सदिच्छा।

भक्त–दार्शनिको ने पुराणों को भी सनातन धर्म का शाश्वत प्रमाण माना है। धर्म के मूल उपादान केवल तीन ही रह जाते हैं –

१ श्रुति–स्मृति पुराण

२ सदाचार तथा

३ मनस्तुष्टि या आत्मप्रियता।

गोस्वामी जी की दृष्टि में ये ही तीन धर्म हेतु हैं और मानव समाज के धर्माधर्म, कर्त्तव्याकर्त्तव्य और औचित्यानौचित्य के मूल निर्णायक भी हैं।

धर्म के प्रमुख तीन आधार हैं –

१ नैतिक

२ भाविक तथा

३ बौद्धिक।

नीति धर्म की परिधि और परिबंध है। इसके अभाव में कोई भी ध र्माचरण संभव नहीं है, क्योंकि इसके बिना समाज–विग्रह का अंत् और बाह्य दोनों ही सार–हीन हो जाते हैं। यह सत्कर्मों का प्राणस्रोत है। अतः नीति–तत्त्व पर धर्म की सुदृढ़ स्थापना होती है। धर्म का आध ार भाविक होता है। यह सच है कि सेवक अपने स्वामी के प्रति निश्छल सेवा अर्पित करे – यही नीति है, किंतु जब वह अनन्य भाव से अपने प्रभु के चरणों पर सर्व न्यौछावर कर उनके श्रप, गुण एवं शील का याचक बन जाता है तब उसके इस त्यागमय कर्त्तव्य या धर्म का आधार भाविक हो जाता है।

धर्म का बौद्धिक धरातल मानव को कार्य–कुशलता तथा सफलता की ओर ले जाता है। वस्तुतः जो धर्म उक्त तीनों मुख्याधारों पर आध ारित है वह स्वार्थ, परमार्थ तथा लोकार्थ इन तीनों का समन्वयकारी है। धर्म के ये सर्वमान्य आधार–तत्त्व हैं।

धर्म के मुख्यतः दो स्वरुप हैं –

१ अभ्युदय हेतुक तथा

२ निरूरेयस हेतुक।

जो पावन कृत्य सुख, संपत्ति, कीर्ति और दीर्घायु के लिए अथवा जागृति उन्नयन के लिए किया जाता है वह अभ्युदय हेतुक धर्म की श्रेणी में आता है। और जो कृत्य या अनुष्ठान आत्मकल्याण अथवा मोक्षादि की प्राप्ति के लिए किया जाता है वह निरूश्रेयस हेतुक धर्म की श्रेणी में आता है।

धर्म पुनः दो प्रकार का है

१ प्रवृत्ति–धर्म तथा

२ निवृत्ति–धर्म या मोक्ष धर्म

जिससे लोक–परलोक में सर्वाधिक सुख प्राप्त होता है वह प्रवृत्ति–धर्म है तथा जिससे मोक्ष या परम शांति की प्राप्ति होती है वह निवृत्ति–धर्म है।

कहीं – कहीं धर्म के तीन भेद स्वीकार किए गए हैं –

१ सामान्य धर्म

२ विशेष धर्म तथा

३ आपधर्म ।

भविष्यपुराण के अनुसार धर्म के पांच प्रकार हैं –

१ वर्ण – धर्म

२ आश्रम – धर्म

३ वर्णाश्रम – धर्म

४ गुण – धर्म

५ निमित्त – धर्म

अंततोगत्वा, हमारे सामने धर्म की मुख्य दो ही विशाल विधाए या शाखाएं रह जाती हैं –

१ सामान्य या साधारण धर्म तथा

२ वर्णाश्रम – धर्म।

जो सारे धर्म, देश, काल, परिवेश, जाति, अवस्था, वर्ग तथा लिंग, आदि के भेद–भाव के बिना सभी आश्रमों और वणाप्र के लोगों के लिए समान रुप से स्वीकार्य हैं वे सामान्य या साधारण धर्म कहे जाते हैं। समग्र मानव जाति के लिए कल्याणप्रद एवं अनुकरणीय इस सामान्य धर्म की शतशः चर्चा अनेक धर्म–ग्रंथों में विशेषतया श्रुति–ग्रन्थों में उपलब्ध है।

महाभारत ने अपने अनेक पवाप्र तथा अध्यायों में जिन साधारण धर्मों का वर्णन किया है, उनके दया, क्षमा, शांति, अहिंसा, सत्य, सारल्य, अद्रोह, अक्रोध, निभिमानता, तितिक्षा, इन्द्रिय–निग्रह, यम, शुद्ध, बुद्धि, शील, आदि मुख्य हैं। पद्मपुराण में सत्य, तप, यम, नियम, शौच, अहिंसा, दया, क्षमा, श्रद्धा, सेवा, प्रज्ञा तथा मैत्री आदि धर्मान्तर्गत परिगणित हैं। मार्कण्डेय पुराण ने सत्य, शौच, अहिंसा, अनसूया, क्षमा, अक्रूरता, अकृपणता तथा संतोष इन आठ गुणों को वर्णाश्रम का सामान्य धर्म स्वीकार किया है।

विश्व की प्रतिष्ठा धर्म से है तथा वह परम पुरुषार्थ है। वह त्रिविध ा, त्रिपथगामी तथा त्रिकमर्रत है। परमात्मा ने अपने को गदात्मा, सूक्ष्म जगत तथा स्थूल जगत के रुप में प्रकट किया है। इन तीनों धामों में उनका नैकट्य प्राप्त करने के प्रयत्न को सनातन धर्म का त्रिविध भाव कहा गया है। वह त्रिमार्गगामी इस रुप में है कि वह ज्ञान, भक्ति और कर्म इन तीनों में से किसी एक द्वारा या इनके सामंजस्य द्वारा भगवान की प्राप्ति की कामना करता है। उसकी त्रिपथगामिनी गति है।

सामान्यतः गोस्वामीजी के वर्ण और आश्रम एक–दूसरे के साथ परस्परावलंबित और संघोषित हैं। इसलिए उन्होंने दोनों का युगपत् वर्णन किया है। यह स्पष्ट है कि भारतीय जीवन में वर्ण–व्यवस्था की प्राचीनता, व्यापकता, महत्ता और उपादेयता सर्वमान्य हैं। यह सत्य है कि हमारा विकासोन्मुख जीवन उत्तरोत्तर श्रेष्ठ वणाप्र की सीढियों पर चढ़कर शनै –शनै– दुर्लभ।

पुरुषार्थः फलों का आस्वादन करता हुआ भगवत् तदाकार भाव में निमज्जित हो जाता है, पर आवश्यकता केवल इस बात की है कि हम निष्ठापूर्वक अपने वर्ण–धर्म पर अपनी दृढ़ आस्था दिखलाई है और उसे सुखी और सुव्यवस्थित समाज – पुरुष का मेरु–दण्ड बतलाया है।

गोस्वामी जी सनातनी हैं और सनातन–धर्म की यह निर्भ्रान्त ध

ाारणा है कि चारों वर्ण मनुष्य के उन्नयन के चार सोपान हैं। चेतनोन्मुखी प्राणी प्रथमतः शुद्र योनि में जन्म धारण करता है जिसमें उसके अंतर्गत सेवा–वृत्ति का उद्‌भव और विकास होता है। यह उसकी शैशवावस्था है। तत्पश्चात् वह वैश्य योनि में जन्म धारण करता है जहां उसे सब प्रकार के भोग, सुख, वैभव और प्रेय की प्राप्ति होती है। यह उसका पूर्व–यौवन काल है।

वर्ण विभाजन का जन्मना आधार न केवल महर्षि वशिष्ठ, मनु आदि ने ही स्वीकार किया है, बल्कि स्वयं गीता में भगवान ने भी श्रीमुख से चारों वणाप्र की गुणकर्म–विभगशः सृष्टि का विधान किया है। वर्णाश्रम–धर्म की स्थापना जन्म, कर्म, आचरण तथा स्वभाव के अनुकूल हुई है।

जो वीरोचित कर्मों में निरत रहता है और प्रजाओं की रक्षा करता है, वह क्षत्रिय कहलाता है। शौर्य, वीर्य, धृति, तेज, अजातशत्रुता, दान, दाक्षिण्य तथा परोपकार क्षत्रियों के नैसर्गिक गुण हैं। स्वयं भगवान श्रीराम क्षत्रिय कुल भूषण और उक्त गुणों के संदोह हैं। न्याय–नीति विहीन, डरपोक और युद्ध–विमुख क्षत्रिय धर्मच्युत और पामर है। विश का अर्थ जन या दल है। इसका एक अर्थ देश भी है। अतः वैश्य का संबंध जन–समूह अथवा देश के भरण–पोषण से है।

सत्यतः वैश्य समाज के विष्णु माने जाते हैं। अतिथि–सेवा तथा विप्र–पूजा उनका धर्म है। जो वैश्य कृपण और अतिथि–सेवा से विमुख हैं वे हेय और शोचनीय हैं। कुल, शील, विद्या और ज्ञान से हीन वर्ण को शूद्र की संज्ञा मिली है। शूद्र असत्य और यज्ञहीन माने जाते थे। शनै–शनै वे द्विजातियों के कृपा–पात्र और समाज के अभिन्न और सबल अंग बन गए। उच्च वणाप्र के सम्मुख विनम्रतापूर्वक व्यवहार करना, स्वामी की निष्कपट सेवा करना, पवित्रता रखना, गौ तथा विप्र की रक्षा करना आदि शूद्रों के विशेषण हैं।

गोस्वामी जी का यह विश्वास रहा है कि वर्णानुकूल धर्माचरण से स्वर्गापवर्ग की प्राप्ति होती है। और उसके उल्लंघन करने और परध ार्म–प्रिय होने से घोर यातना ओर नरक की प्राप्ति होती है। दूसरे प्राणी के श्रेष्ठ धर्म की अपेक्षा अपना सामान्य धर्म ही पूज्य और उपादेय है। दूसरे के धर्म में दीक्षित होने की अपेक्षा अपने धर्म की वेदी पर प्राणापंण कर देना श्रेयस्कर है।

यही कारण् है कि उन्होंने राम–राज्य की सारी प्रजाओं को स्व–धर्म–व्रतानुरागी और दिव्य चारित्र्य–संपन्न दिखलाया है।

गोस्वामी जी के इष्टदेव श्रीराम स्वयं उक्त राज–धर्म के आश्रय और आदर्श रामराज्य के जनक हैं। यद्यपि वे साम्राज्य–संस्थापक हैं तथापि उनके साम्राज्य की शाश्वत आधारशिला सनेह, सत्य, अहिंसा, दान, त्याग, शान्ति, सुमति, विवेक, वैराग्य, क्षमा, न्याय, औचित्य तथा विज्ञान हैं जिनकी प्रेरणा से राजा साम्राज्य के सारे विभागों का परिपालन उसी धर्म बुद्धि से करते हैं जिससे मुख शरीर के सारे अंगो का यथाचित परिपालन करता है। श्रीराम की एकतंत्रात्मक राज–व्यवस्था में राज–कार्य के प्रायः सभी महत्त्वपूर्ण अवसरों पर राजा, मनीषियों, मंत्रियों तथा सभ्यों से समुचित सम्मति प्राप्त करने की विनीत चेष्टा करते हैं ओर उपलब्ध सम्मति को सहर्ष कार्यान्वित करते हैं।

राजा श्रीराम में उक्त सारे लक्षण विलक्षण रुप में वर्तमान हैं, वे भूप–गुणागार हैं। उनमें सत्य–प्रियता, साहसात्साह, गंभीरता तथा प्रजा–वत्सलता, आदि मानव–दुर्लभ गुण सहज ही सुलभ हैं। एक स्थल पर श्रीराम ने राज–धर्म के मूल स्वरुप का परिचय कराते हुए भाई भरत को यह उपदेश दिया है कि पूज्य पुरुषों, माताओं और गुरुजनों के आज्ञानुसार राज्य, प्रजा और राजधानी का न्याय और नीतिपूर्वक सम्यक् परिपालन करना ही राज–धर्म का मूलमंत्र है।

मानव–जीवन पर काल, स्वभाव और परिवेश का गहरा प्रभाव

पड़ता है। यह स्पष्ट है कि काल–प्रवाह के कारण समाज के आचारों, विचारों तथा मनोभावों में ह्रास–विकास होते रहते हैं। यही कारण है कि जब सत्य की प्रधानता रहती है तब सत्य–युग, जब रजोगुण का समावेश होता है तब त्रेता, जब रजोगुण का विस्तार होता है तब द्वापर तथा जब पाप का प्राधान्य होता है तब कलियुग का आगमन होता है।

गोस्वामी जी ने नारी–धर्म की भी सफल स्थापना की है और समाज के लिए उसे अतिशय उपादेय माना है। गृहस्थ–जीवन रथ के दो चक्रों में एक चक्र स्वयं नारी है। यह जीवन–प्रगति–विधायिका है। इसी कारण हमारी संस्कृति में नारी को अर्द्धांगिनी, धर्म–पत्नी, जीवन–संगिनी, देवी, गृह–लक्ष्मी तथा संजीवनी–शक्ति के रुप में देखा है।

जिस प्रकार सृष्टि–लीला–विलास में पुरुष प्रकृति परस्पर संयुक्त होकर विकास–रचना करते हैं, उसी प्रकार गृह या समाज में नारी–पुरुष के प्रीतिपूर्वक सुखमय संयोग से धर्म–कर्म का पुण्यमय प्रसार होता है। सत्यतः रति, प्रीति और धर्म की पालिका स्त्री या पत्नी ही है। वह धन, प्रजा, काया, लोक–यात्रा, धर्म, देव और पितर आदि, इन सबकी रक्षा करती है। स्त्री या नारी ही पुरुष की श्रेष्ठ गति है – 'दारा–परागति'। श्री ही प्रियवादिनी, कांता, सुखद मंत्रणा देनेवाली, संगिनी, हितैषिणी और दुःख में हाथ बंटाने वाली देवी है। अतः जीवन और समाज की सुखद प्रगति और मधुर संतुलन के लिए तथा स्वयं नारी की मुक्ति–मुक्ति के लिए नारी–धर्म के सम्यक् विधान की अपेक्षा है।

6
दोहावली

श्री राम बाम दिसि जानकी लखन दाहिनी ओर ।
ध्यान सकल कल्यानमय सुरतः तुलसी तोर ।1 ।

* *

सीता लखन समेत प्रभु सोहत तुलसीदास।
हरषत सुर बरषत सुमन सगुन सुमंगल बास ।2 ।

* *

पंचवटी बट बिटप तर सीता लखन समेत।
सोहत तुलसीदास प्रभु सकल सुमंगल देत ।3 ।

* *

श्री चित्रकूट सबदिन बसत प्रभु सिय लखन समेत।
राम नाम जप जापकहि तुलसी अभिमत देत ।4 ।

* *

पय अहार फल खाइ जपु राम नाम षट मास।
सकल सुमंगल सिद्धि सब करतल तुलसीदास ।5 ।

* *

राम नाम मनिदीप धरू जीह देहरीं द्वार।

तुलसी भीतर बाहेरहुँ जौं चाहसि उजिआर ।6 ।

* *

हियँ निर्गुन नयनन्हि सगुन रसना राम सुनाम।
मनहुँ पुरट संपुट लसत लसत तुलसी ललित ललाम ।7 ।

* *

सगुल ध्यान रूचि सरस नहिं निर्गुन मन में दूरि।
तुलसी सुमिरहु रामको नाम सजीवन मूरि ।8 ।

* *

एकु छत्रु एकु मुकुटमनि सब बरननि पर जोउ।
तुलसी रघुबर नाम के बरन बिराजत दोउ ।9 ।

* *

नाम राम को अंक है सब साधन हैं सून।
अंक गएँ कछु हाथ नहिं अंक रहें दस गून ।10 ।

* *

नामु राम को कलपतः कलि कल्यान–निवासु।
जो सुमिरत भयो भाँग तें तुलसी तुलसीदासु ।11 ।

* *

राम नाम जपि जीहँ जन भए सुकृत सुखसालि।
तुलसी इहाँ जो आलसी गयो आजु की कालि ।12 ।

* *

नाम गरीबनिवाज को राज देत जन जानि।
तुलसी मन परिहरत नहिं घुर बिनिआ की बानि ।13 ।

* *

कासीं बिधि बसि तनु तजें हठि तनु तजें प्रयाग।

तुलसी जो फल सो सुलभ राम नाम अनुराग।14।

* *

मीठो अरू कठवति भरो रौंताई अरू छेम।
स्वारथ परमारथ सुलभ राम नाम के प्रेम।15।

* *

राम नाम सुमिरत सुजस भाजन भए कुजाति।
कुतरूक सुरपुर राजमग लहत भुवन बिख्याति।16।

* *

स्वारथ सुख सपनेहुँ अगम परमारथ न प्रबेस।
राम नाम सुमिरत मिटहिं तुलसी कठिन कलेस।17।

* *

मोर मोर सब कहँ कहिस तू को तू को कहु निज नाम।
कै चुप साधहि सुनि समुझि कै तुलसी जपु राम।18।

* *

हम लखि लखहि हमार लखि हम हमार के बीच।
तुलसी अलखहि का लखहि राम नाम जप नीच।19।

* *

राम नाम अवलंब बिनु परमारथ की आस।
बरषत बारिद बूँद गहि चाहत चढ़न अकास।20।

* *

तुलसी हठि हठि कहत नित चित सुनि हित करि मानि।
लाभ राम सुमिरन बड़ो बड़ी बिसारें हानि।21।

* *

बिगरी जनम अनेक की सुधरै अबहीं आजु।

होहि राम को नाम जपु तुलसी तजि कुसमाजु ।22।

* *

प्रीति प्रतीति सुरीति सों राम राम जपु राम।
तुलसी तेरो है भलो आदि मध्य परिनाम ।23।

* *

दंपति रस दसन परिजन बदन सुगेह।
तुलसी हर हित बरन सिसु संपति सहज सनेह ।24।

* *

बरषा रितु रघुपति भगति तुलसी सालि सुदास।
रामनाम बर बरन जुग सावन भादव मास ।25।

* *

राम नाम नर केसरी कनककसिपु कलिकाल।
जापक जन प्रहलाद जिमि पालिहि दलि सुरसाल ।26।

* *

राम नाम किल कामतः राम भगति सुरधेनु।
सकल सुमंगल मूल जग गुरूपद पंकज रेनु ।27।

* *

राम नाम कलि कामतरू सकल सुमंगल कंद।
सुमिरत करतल सिद्धि सब पग पग परमानंद ।28।

* *

जथा भूमि सब बीजमय नखत निवास अकास।
रामनाम सब धरममय जानत तुलसीदास ।29।

* *

सकल कामना हीन जे राम भगति रस लीन।

नाम सुप्रेम पियुष हद तिन्हहुँ किए मन मीन ।30।

* *

ब्रह्म राम तें नामु बड़ बर दायक बर दानि।
राम चरित सत कोटि महँ लिय महेस जियँ जानि ।31।

* *

सबरी गीध सुसेवकनि सुगति दीन्हि रधुनाथ।
नाम उधारे अमित खल बेद बिदित गुन गाथ ।32।

* *

राम नाम पर नाम तें प्रीति प्रतिति भरोस।
सो तुलसी सुमिरत सकल सगुन सुमंगल कोस ।33।

* *

लंक बिभीसन राज कपि पति मारूति खग मीच।
लही राम सों नाम रति चाहत तुलसी नीच ।34।

* *

हरन अमंगल अघ अखिल करन सकल कल्यान ।
रामनाम नित कहत हर गावत बेद पुरान ।35।

* *

तुलसी प्रीति प्रतीति सों राम नाम जप जाग।
किएँ होइ बिधि दाहिनो देइ अभागेहि भाग ।36।

* *

जल थल नभ गति अमित अति अग जग जीव अनेक।
तुलसी तो से दीन कहँ राम नाम गति एक ।37।

* *

राम भरोसो राम बल राम नाम बिस्वास।

सुमिरत सुभ मंगल कुसल माँगत तुलसीदास ।38 ।

* *

राम नाम रति राम गति राम नाम बिस्वास।
सुमिरत सुभ मंगल कुसल दुहुँ दिसि तुलसीदास ।39 ।

* *

रसना सँपिनि बदन बिल जे न जपहिं हरिनाम।
तुलसी प्रेम न राम सों ताहि बिधाता बाम ।40 ।

* *

श्री हिय फाटहूँ फूटहुँ नयन जरउ सो तन केहि काम।
द्रवहिं स्त्रवहिं पुलकइ नहीं तुलसी सुमिरत राम ।41 ।

* *

रामहिं सुमिरत रन भिरत देत परत गुरू पायँ।
तुलसी जिन्हहि न पुलक तनु ते जग जीवत जायँ ।42 ।

* *

हृदय से कुलिस समान जो न द्रवइ हरिगुन सुनत।
कर न राम गुन गान जीह सो दादुर जीह सम ।43 ।

* *

स्त्रवै न सलिल सनेहु तुलसी सुनि रघुबीर जस।
ते नयना जनि देहु राम करहु बरू आँधरो ।44 ।

* *

रहैं न जल भरि पूरि राम सुजस सुनि रावरो ।
तिन आँखिन में धूरि भरि भरि मूठी मेलिये ।45 ।

* *

बारक सुमिरत तोहि होहि तिन्हहि सम्मुख सुखद ।
क्यों न सँभारहि मोहि दय सिंधु दसरत्थ के ।46 ।

* *

साहिब होत सरोष सेवक को अपराध सुनि।
अपने देखे दोष सपनेहुँ राम न उर धरे।47।

* *

तुलसी रामहि तें सेवक की रूचि मीठि।
सीतापति से साहिबहि कैसे दीजै पीठि।48।

* *

तुलसी जाके होयगी अंतर बाहिर दीठि।
सो कि कृपालुजि देइगो केवटपालहि पीठि।49।

* *

प्रभु तरू तर कपि डार पर ते किए आपु समान।
तुलसी कहूँ न राम से साहिब सील निधान।50।

* *

रे मन सब सों निरस वै सरस राम सों होहि।
भलो सिखावन देत है निस दिन तुलसी तोहि।51।

* *

हरे चरहिं तापहिं बरे फरें पसाहिं हाथ।
तुलसी स्वारथीमत सब परमारथ रघुनाथ।52।

* *

स्वारथ' सीता राम सों परमारथ सिय राम।
तुलसी तेरों दूसरे द्वार कहा कहु काम। 53।

* *

स्वारथ परमारथ सकल सुलभ एक ही ओर।
द्वार दूसरे दीनता उचित न तुलसी तोर।54।

, ,

तुलसी स्वारथ राम हित परमारथ रघुबीर।
सेवक जाके लखन से पवनपूत रनधीर।55।

* *

ज्यों जग बैरी मीन को आपु सहित बिनु बारि ।
त्यों तुलसी रघुबीर बिनु गति आपनी बिचारि।56।

* *

राम प्रेम बिनु दूबरो राम प्रेमहीं पीन।
रघुबर कबहुँक करहुगे तुलसिहि ज्यों जल मीन।57।

* *

राम सनेही राम गति राम चरन रति जाहि।
तुलसी फल जग जनम को दियो बिधाता ताहि।58।

* *

आपु आपने तें अधिक जेहि प्रिय सीताराम।
तेहि के पग की पानहीं तुलसी तनु को चाम।59।

* *

स्वारथ परमारथ रहित सीता राम सनेहँ ।
तुलसी सो फल चारि को फल हमार मत एहँ।60।

* *

श्री जे जन रूखे बिषय रस चिकने राम सनेहँ।
तुलसी ते प्रिय राम को कानन बसहिं कि गेहँ।61।

* *

जथा लाभ संतोष सुख रघुबर चरन सनेह।
तुलसी जो मन खूँद सम कानन बसहुँ कि गेह।62।

* *

तुलसी जौं पै राम सों नाहिन सहज सनेह ।

मूँड़ मुड़ायो बादिहीं भाँड़ भयो तजि गेह।63।

* *

तुलसी श्रीरघुबीर तजि करै भरोसो और ।
सुख संपति की का चली नरकहुँ नाहीं ठौर।64।

* *

तुलसी परिहरि हरि हरहि पाँवर पूजहिं भूत।
अंत फजीहत होहिंगे गनिका के से पूत।65।

* *

सेये सीता राम नहिं भजे न संकर गौरि।
जनम गँवायो बादिहीं परत पराई पौरि।66।

* *

तुलसी हरि अपमान तें होइ अकाज समाज।
राज करत रज मिलि गए सदल सकुल कुरूराज।67।

* *

तुलसी रामहिं परिहरें निपट हानि सुन ओझ।
सुरसरि गत सोई सलिल सुरा सरिस गंगोझ।68।

* *

राम दुरि माया बढ़ति घटति जानि मन माँह।
भूरि होति रबि दूरि लखि सिर पर पगतर छाँह।69।

* *

साहिब दीनानाथ सों जब घटि हैं अनुराग।
तुलसी तबहीं भालतें भभरि भागि हैं भाग।70।

* *

करिहौं कोसलनाथ' तजि जबहिं दूसरी आस।

जहाँ तहाँ दुख पाइहौं तबहीं तुलसीदास।।71।।

* *

बिंधि न ईंधन पाइऐ सागर जुरै न नीर।
परै उपास कुबेर घर जो बिपच्छ रघुबीर।72।

* *

बरसा को गोबर भयों को चहै को करै प्रीति।
तुलसी तू अनुभवहि अब राम बिमुख की रीति।73।

* *

सबहि समरथहि सुखद प्रिय अच्छम प्रिय हितकारिं।
कबहुँ न काहुहि राम प्रिय तुलसी कहा बिचारि।।74।

* *

तुलसी उद्यम करम जुग जब जेहि राम सुडीठि।
होइ सुफल सोइ ताहि सब सनमुख प्रभु तन पीठि।75।

* *

राम कामतः परिहरत सेवत कलि तरू ठूँठ।
स्वारथ परमारथ चहत सकल मनोरथ झूँठ।76।

* *

निज दूषन गुन राम के समुझें तुलसीदास।
होइ भलो कलिकाल हूँ उभय लोक अनयास।77।

* *

कै तोहि लागहिं राम प्रिय कै तू प्रभु प्रिय होहि।
दुइ में रूचौ जो सुगम सो कीबे तुलसी तोहि।78।

* *

तुलसी दुइ महँ एक ही खेल छाँडि छल खेलु।

कै करू ममता राम सों कै ममता परहेलु ।79 ।

* *

निगम अगम साहेब सुगम राम साँचिली चाह।
अंबु असन अवलोकिअत सुलभ सबै जग माँह ।80 ।

* *

सनमुख आवत पथिक ज्यों दिएँ दाहिनो बाम।
तैसोइ होत सु आप को त्यों ही तुलसी राम ।81 ।

* *

राम प्रेम पथ पेखिऐ दिएँ बिषय तन पीठि।
तुलसी केंचुरि परिहरें होत साँपेहू दीठि ।82 ।

* *

तुलसी जौ लौं बिषय की मुधा माधुरी मीठि।
तौ लौं सुधा सहस्त्र सम राम भगति सुठि सीठि ।83 ।

* *

जैसो मेरो रावरो केवल कोसलपाल ।
तौ तुलसी को है भलो तिहूँ लोक तिहुँ काल ।84 ।

* *

है तुलसी कें एक गुन अवगुन निधि कहैं लोग।
भलो भरोसो रावरो राम रीझिबे जोग ।85 ।

* *

प्रीति राम सों नीति पथ चलिय राग रिस जीति।
तुलसी संतन के मते इहै भगति की रीति ।86 ।

* *

सत्य बचन मानस बिमल कपट रहित करतूति।

तुलसी रघुबर सेवकहि सकै न कलिजुग धूति ।87 ।

* *

तुलसी सुखी जो राम सों दुखी सो निज करतूति।
करम बचन मन ठीक जेहि तेहि न सकै कलि धूति ।88 ।

* *

नातो नाते राम के राम सनेहुँ सनेहु।
तुलसी माँगत जोरि कर जनम जनम सिव देहु ।89 ।

* *

सब साधन को एक फल जेहिं जान्यो सो जान।
ज्यों त्यों मन मंदिर बसहिं राम धरें धनु बान ।90 ।

* *

जौं जगदीस तौ अति भलो जौं महीस तौ भाग।
तुलसी चाहत जनम भरि राम चरन अनुराग ।91 ।

* *

परौं नरक फल चारि सिसु मीच डाकिनी खाउ।
तुलसी राम सनेह को जो फल सो जरि जाउ ।92 ।

* *

हित सों हित, रति राम सों, रिपु सों बैर बिहाउ।
उदासीन सब सों सरल तुलसी सहज सुभाउ ।93 ।

* *

तुलसी ममता राम सों समता सब संसार।
राग न रोष न दोष दुख दास भए भव पार ।94 ।

* *

रामहि डरू करू राम सों ममता प्रीति प्रतिति।

तुलसी रिपधि राम को भएँ हारेहूँ जीति।95।

* *

तुलसी राम कृपालु सों कहि सुनाउ गुन दोष।
होय दूबरी दीनता परम पीन संतोष।96।

* *

सुमिरन सेवा राम सों साहब सों पहिचानि।
ऐसेहु लाभ न ललक जो तुलसी नित हित हानि।97।

* *

जानें जानन जोइऐ बिनु जाने को जान।
तुलसी यह सुति समुझि हियँ आनु धरें धनु बान।98।

* *

करमठ कठमलिया कहैं ग्यानी ग्यान बिहीन।
तुलसी त्रिपथ बिहाइ गो राम दुआरे दीन।99।

* *

बाधक सब सब के भए साधक भये न कोइ।
तुलसी राम कृपालु तें भलो होइ सो होइ।100।

* *

श्री संकर प्रिय मम द्रोही सिव द्रोही मम दास।
ते नर करहिं कलप भरि घोर नरक महुँ बास।101।

* *

बिलग बिलग सुख संग दुख जनम मरन सोइ रीति।
रहिअत राखे राम कें गए ते उचित अनीति।102।

* *

जायँ कहब करतूति बिनु जायँ जोग बिन छेम।

तुलसी जाँय उपाय सब बिना राम पद प्रेम ।103 ।

* *

लोग मगन सब जोगहीं जोग जायँ बिनु छेम।
त्यों तुलसी के भावगत राम प्रेम बिनु नेम ।104 ।

* *

राम निकाई रावरी हैं सबही को नीक।
जौ यह साँची है सदा तौ नीको तुलसीक ।105 ।

* *

तुलसी राम जो आदर्यो खोटो खरो खरोइ।
दीपक काजर सिर धर्यो धर्यो सुधर्यो धरोइ ।106 ।

* *

तनु बिचित्र कायर बचन अहि अहार मन घोर।
तुलसी हरि भए पच्छधर ताते कह सब मोर ।107 ।

* *

लहइ न फूटी कौड़िहू को चाहै केहि काज।
सो तुलसी महँगो कियो राम गरीब निवाज ।108 ।

* *

घर घर माँगे टूक पुनि भूपति पूजे पाय।
जे तुलसी तब राम बिनु ते अब राम सहाय ।109 ।

* *

तुलसी राम सुदीठि तें निबल होत बलवान।
बैर बालि सुग्रीव के कहा कियो हनुमान ।110 ।

* *

तुलसी रामहु तें अधिक राम भगत जियँ जान।

रिनिया राजा राम भे धनिक भए हनुमान।111।

* *

कियो सुसेवक धरम कपि कृतग्य जियँ जानि ।
जोरि हाथ ठाढ़े भए बरदायक बरदानि।112।

* *

भगत हेतु भगवान प्रभु रा धरेउ तनु भूप।
किये चरित पावन परम प्राकृत नर अनुरूप।113।

* *

ग्यान गिरा गोतीत अज माया मन गुन पार।
सोइ सच्चिदानंदघन कर नर चरित उदार।114।

* *

हिरन्याच्छ भ्राता सहित मधु कैटभ बलवान।
जेहिं मारे सोइ अवतरेउ कृपासिंधु भगवान।115।

* *

सुद्ध सच्चिदानंदमय कंद भानुकुल केतु।
चरित करत नर अनुहरत संसृति सागर सेतु।116।

* *

बाल बिभूषन बसन बर धूरि धूसरित अंग।
बालकेति रघुबर करत बाल बंधु सब संग।117।

* *

अनुदित अवध बधावने नित नव मंगल मोद।
मुदित मातु पितु लोग लखि रघुबर बाल बिनोद।118।

* *

राज अजिर राजत रूचिर कोसलपालक बाल।

जानु पानि चर चरित बर सगुन सुमंगल माल।119।

* *

नाम ललित लीला ललित ललित रूप रघुनाथ।
ललित बसन भूषन ललित ललित अनुज सिसु साथ।120।

* *

श्री राम भरत लछिमन ललित सत्रु समन सुभ नाम।
सुमिरत दसरथ सुवन सब पूजहिं सब मन काम।121।

* *

बालक कोसलपाल के सेवकपाल कृपाल।
तुलसी मन मानस बसत मंगल मंजु मराल।122।

* *

भगत भूमि भूसुर सुरभि सुर हित लागि कृपाल।
करत चरित धरि मनुज तनु सुनत मिटहिं जगजाल।123।

* *

निज इच्छा प्रभु अवतरइ सुर महि गो द्विज लागि।
सगुन उपासक संग तहँ रहहिं मोच्छ सब त्यागि।124।

* *

परमानंद कृपायतनम न परिपूरन काम।
प्रेम भगति अनपायनी देहु हमहि श्री राम।125।

* *

बारि मथें घृत होइ बरू सिकता ते बरू तेल।
बिनु हरि भजन न भव तरिअ यह सिद्धांत अपेल।126।

* *

हरि माया कृत दोष गुन बिनु हरि भजन न जाहिं ।

भजिअ राम सब काम तजि अस बिचारि मन माहिं।127।

* *

जो चेतन कहँ जड़ करइ जड़हि करइ चौतन्य।
अस समर्थ रघुनायकहि भजहिं जीव ते धन्य।128।

* *

श्री रघुबीर प्रताप ते सिंधु तरे पाषान।
ते मतिमंद जे राम तजि भजहिं जाइ प्रभु आन।129।

* *

लव निमेष परमानु जुग बरस कलप सर चंड।
भजसि न मम तेहि राम कहँ कालु जासु कोदंड।130।

* *

तब लगि कुसल न जीव कहुँ सपनेहुँ मन विश्राम।
जब लगि भजत न राम कहुँ सोक धाम तजि काम।131।

* *

बिनु सतसंग न हरिकथा तेहि बिनु मोह न भाग।
मोह गएँ बिनु रामपद होइ न दृढ़ अनुराग।132।

* *

बिनु बिस्वास भगति नहिं तेहि बिनु द्रवहिं न रामु ।
राम कृपा बिनु सपनेहुँ जीव न लह बिश्रामु।133।

* *

अस बिचारि मतिधीर तजि कुतर्क संसय सकल।
भजहु राम रघुबीर करूनाकर सुंदर सुखद।134।

* *

भाव बस्य भगवान सुख निधान करूना भवन।

तजि ममता मद मान भजिअ सदा सीता रवन ।135 ।

* *

कहहिं बिमलमति संत बेद पुरान बिचारि अस।

द्रवहिं जानकी कंत तब छूटै संसार दुख ।136 ।

* *

बिनु गुर होइ कि ग्यान ग्यान कि होइ बिराग बिनु ।

गावहिं बेद पुरान सुख कि लहिअ हरि भगति बिनु ।137 ।

* *

रामचंद्र के भजन बिनु जो चह पद निर्बान।

ग्यानवंत अपि सो नर पसु बिनु पूँछ बिषान ।138 ।

* *

जरउ सो संपति सदन सुखु सुहृदय मातु पितु भाइ।

सनमुख होत जो रामपद करइ न सहस सहाइ ।139 ।

* *

सेइ साधु गुरू समुझि सिखि राम भगति थिरताई ।

लरिकाई को पैरिबो तुलसी बिसरि न जाई ।140 ।

* *

श्री सबहि कहावत राम के सबहि राम की आस।

राम कहहिं जेहि आपनो तेहि भजु तुलसीदास ।141 ।

* *

जेहि सरीर रति राम सों सोइ आदरहिं सुजान।

रूद्रदेह तजि नेहबस बान भे हनुमान ।142 ।

* *

जानि राम सेवा सरस समुझि करब अनुमान।

पुरूषा ते सेवक भए हर ते भे हनुमान।143।

* *

तुलसी रघुबर सेवकहि खल डाटत मन माखि।
बाजराज के बालकहि लवा दिखावत आँखि।144।

* *

रावन रिपुके दास तें कायर करहिं कुचालि।
रवर दूषन मारीच ज्यों नीच जाहिंगे कालि।145।

* *

पुन्य पाप जस अजस के भावी भाजन भूरि।
संकट तुलसीदास को राम करहिंगे दूरि।146।

* *

खेलत बालक ब्याल सँग मेलत पावक हाथ।
तुलसी सिसु पितु मातु ज्यों राखत सिय रघुनाथ।147।

* *

तुलसी दिन भल साहु कहँ भली चोर कहँ राति।
निसि बासन ता कहँ भलो मानै राम इतानि।148।

* *

तुलसी जाने सुति समुझि कृपासिंधु रघुराज।
महँगे मनि कंचन किए सौंधें जग जल नाज।149।

* *

सेवा सील सनेह बस करि परिहरि प्रिय लोग ।
तुलसी ते सब राम सों सुखद सँजोग बियोग।150।

* *

चारि चहत मानस अगम चनक चारि को लाहु।

चारि परिहरें चारि को दानि चारि चख चाहु।151।

* *

सूधे मन सूधे बचन सूधी सब करतूति।
तुलसी सूधी सकल बिधि रघुबर प्रेम प्रसूति।152।

* *

बेष बिषद बोलनि मधुर मन कटु करम मलीन।
तुलसी राम न पाइऐ भएँ बिषय जल मीन।153।

* *

बषन बेष तें जो बनइ से बिगरइ परिनाम।
तुलसी मन तें जो बनइ बनी बनाई राम।154।

* *

नीच मीचु लै जाइ जो राम रजायसु पाइ।
तौ तुलसी तेरो भलो न तु अनभलो अघाइ।155।

* *

जाति हीन अघ जन्म महि मुक्त कीन्हि असि नारि।
महामंद मन सुख चहसि ऐसे प्रभुहि बिसारि।।156।

* *

बंधु बधू रत कहि कियो बचन निरूत्तर बालि।
तुलसी प्रभु सुग्रीव की चितइ न कछू कुचालि।157।

* *

बालि बली बलसालि दलि सखा कीन्ह कपिराज।
तुलसी राम कृपालु को बिरद गरीब निवाज।158।

* *

कहा बिभीषन लै मिल्यो कहा बिगार्यो बालि।

तुलसी प्रभु सरनागतहि सबदिन आए पालि।159।

* *

तुलसी कोसलपाल सो को सरनागत पाल।
भज्यो बिभीषन बंधु भय भंज्यो दारिद काल।160।

* *

श्री कुलिसहु चाहि कठोर अति कोमल कुसुमहु चाहि।
चित्त खगेस राम कर समुझि परइ कहु काहि।161।

* *

बालकन भूषन फल असन तृन सज्या द्रुम प्रीति।
तिन्ह समयन लंका दई यह रघुबर की रीति।162।

* *

जो संपति सिव रावनहि दीन्हि दिएँ दस माथ।
सोइ संपदा बिभीषनहि सकुचि दीन्हि रघुनाथ।163।

* *

अबिचल राज बिभीषनहि दीन्ह राम रघुराज।
अजहुँ बिराजत लंक पर तुलसी सहित समाज।164।

* *

कहा विभीषन लै मिल्यो कहा दियो रघुनाथ।
तुलसी यह जाने बिना मूढ़ मीजिहैं हाथ।165।

* *

बैरि बंधु निसिचर अधम तज्यो न भरें कलंक।
झूठें अघ सिय परिहरी तुलसी साइँ ससंक।166।

* *

तेहि समाज कियो कठिन पन जेहिं तौल्यो कैलास।

तुलसी प्रभु महिमा कहैं सेवक को बिस्वास।167।

* *

सभा सभासद निरखि पट पकरि उठायों हाथ।
तुलसी कियो इगारहों बसन बेस जदुनाथ।168।

* *

त्राहि तीनि कह्यो द्रोपदी तुलसी राज समाज।
प्रथम बढ़े पट बिय बिकल चहत चकित निज काज।169।

* *

सुख जीवन सब कोउ चहत सुख जीवन हरि हाथ।
तुलसी दाता मागनेउ देखिअत अबुध अनाथ।170।

* *

कृपिन देइ पाइअ परो बिनु साधें सिधि होइ।
सीतापति सनमुख समुझि जो कीजै सुभ सोइ।171।

* *

दंडक बन पावन करन चरन सरोज प्रभाउ।
ऊसर जामहिं खल तरहिं होइ रंक ते राउ।172।

* *

बिनहीं रितु तरूबर फलत सिला द्रवति जल जोर।
राम लखन सिय करि कृपा जब चितवत जेहि ओर।173।

* *

सिला सुतिय भइ गिरि तरे मृतक जिए जग जान।
राम अनुग्रह सगुन सुभ सुलभ सकल कल्यान।174।

* *

सिला साप मोचन चरन सुमिरहु तुलसीदास।

तजहु सोच संकट मिटहिं पूजहिं मनकी आस ।175।

* *

मुए जिआउ भालु कपि अवध बिप्रको पूत।
सुमिरहु तुलसी ताहि तू जाको मारूति दूत ।176।

* *

काल करम गुन दोष जगजीव तिहारे हाथ ।
तुलसी रघुबर राबरो जानु जानकीनाथ ।177।

* *

रोग निकर तनु जरठपनु तुलसी संग कुलोग।
राम कृपा लै पालिए दीन पालिबे जोग। 178।

* *

मो सम दीन न दीन हित तुम्ह समान रघुबीर ।
अस बिचारि रघुबंस मनि हरहु बिषम भव भीर ।179।

* *

भव भुअंग तुलसी नकुल डसत ग्यान हरि लेत।
चित्रकूट एक औषधी चितवत होत सचेत ।180।

* *

श्री हौं हु कहावत सबु कहत राम सहत उपहास।
साहिब सीतानाथ सो सेवक तुलसीदास ।181।

* *

राम राज राजत सकल धरम निरत नर नारि।
राग न रोष न दोष दुख सुलभ पदारथ चारि। ।182।

* *

राम राज संतोष सुख घर बन सकल सुपास ।

तरू सुरतः सुरधेनु महि अभिमत भोग बिलास।183।

* *

खेती बानि बिद्या बनिज सेवा सिलिप सुकाज।
तुलसी सुरतः सरिस सब सुफल राम के राज।184।

* *

दंड जतिन्ह कर भेद जहँ नर्तक नृत्य समाज।
जीतहु मनहि सुनिअ अस रामचंद्रं के राज।185।

* *

कोंपें सोच न पोच कर करिअ निहोर न काज।
तुलसी परमिति प्रीति की रीति राम कें राज।186

* *

मुकर निरखि मुख राम्ः गनत गुनहि दै दोष।
तुलसी से सठ सेवकन्हि लखि जनि परहिं सरोष।187।

* *

सहसनाम मुनि भनित सुनि तुलसी बल्लभ नाम।
सकुचित हियँ हँसि निरखि सिय धरम धुरंधर राम।188।

* *

गौतम तिय गति सुरति करि नहिं परसकत पग पानि।
मन बिहँसे रघुबंसमनि प्रीति अलौकिक जानि।189।

* *

तुलसी बिलसत नखत निसि सरद सुधाकर साथ।
मुकुता झालरि झलक जनु राम सुजसु सिसु हाथ।190।

* *

रघुपति कीरति कामिनी क्यों कहै तुलसिदासु।

सरद अकास प्रकास ससि चारू चिबुक तिल जासु ।191 ।

* *

प्रभु गुन गन भूषन बसन बिसद बिसेष सुबेस।
राम सुकीरति कामिनी तुलसी करतब केस ।192 ।

* *

राम चरित राकेस कर सरिस सुखद सब काहु।
सज्जन कुमुद चकोर चित हित बिसेषि बड़ लाहु ।193 ।

* *

रघुबर कीरति सज्जननि सीतल खलनि सुताति।
ज्यों चकोर चय चक्कवनि तुलसी चाँदनि राति ।194 ।

* *

राम कथा मंदाकिनी चित्रकूट चित चारू।
तुलसी सुभग सनेह बन सिय रघुबीर बिहारू ।195 ।

* *

स्याम सुरभि प्य बिषद अति गुनद करहिं सब पान।
गिरा ग्राम्य सिय राम जस गावहिं सुनहिं सुजान ।196 ।

* *

हरि हर जस सुर तर गिरहुँ बरनहिं सुकबि समाज।
हाँडी हाटक घटित चरू राँधे स्वाद सुनाज ।197 ।

* *

तिल पर राखेउ सकल जग बिदित बिलोकत लोग।
तुलसी महिमा राम की कौन जानिबे जोग ।198 ।

* *

राम सरूप तुम्हार बचन अगोचर बुद्धिपर।

अबिगत अकथ अपार नेति नेति नित निगम कह ।199 ।

* *

माया जीव सुभाव गुन काल करम महदादि ।
ईस अंक तें बढ़त सब ईस अंक बिनु बादि ।200 ।

* *

हित उदास रघुबर बिरह बिकल सकल नर नारि ।
भरत लखन सिय गति समुझि प्रभु चख सदा सुबारि ।201 ।

* *

सीय सुमित्रा सुवन गति भरत सनेह सुभाउ ।
काहिबे को सारद सरस जनिबे को रघुराउ ।202 ।

* *

जानी राम न कहि सके भरत लखन सिय प्रीति ।
सो सुनि गुनि तुलसी कहत हठ सठता की रीति ।203 ।

* *

सम बिधि समरथ सकल कह सहि साँसति दिन राति ।
भलो निबाहेउ सुनि समुझि स्वामिधर्म सब भाँति ।204 ।

* *

भरतहि होइ न राजमदु बिधि हरिहर पद पाइ ।
कबहुँ कि काँजी सीकरनि छीरसिंधु बिनसाइ ।205 ।

* *

संपति चकई भरत चक मुनि आयस खेलवार ।
तेहि निसि आश्रम पिंजराँ राखे भा भिनुसार ।206 ।

* *

सघन चोर मग मुदित मन धनी गही ज्यों फेंट ।

त्यों सुग्रीव बिभीषनहिं भई भरतकी भेंट ।207 ।

* *

राम सराहे भरत उठि मिले राम सम जानि।
तदपि बिभीषन कीसपति तुलसी गरत गलानि। ।208 ।

* *

भरत स्याम तन राम सम सब गुन रूप् निधान।
सेवक सुखदायक सुलभ सुमिरत सब कल्यान ।209 ।

* *

ललित लखन मुरति मधुर सुमिरहु सहित सनेह।
सुख संपति कीरति बिजय सगुन सुमंगल गेह ।210 ।

* *

नाम सत्रुसूदन सुभग सुषमा सील निकेत।
सेवत सुमिरत सुलभ सुख सकल सुमंगल देत ।211 ।

* *

कौसल्या कल्यानमइ मूरति करत प्रनाम ।
सगुन सुमंगल काज सुभ कृपा करहिं सियराम ।212 ।

* *

सुमिरि सुमित्रा नाम जग जे तिय लेहिं सनेम।
सुअन लखन रिपुदवन से पावहिं पति पद प्रेम ।213 ।

* *

सीताचरन प्रनाम करि सुमिरि सुनाम सुनेम।
होहिं तीय पतिदेवता प्राननाथ प्रिय प्रेम ।214 ।

* *

तुलसी केवल कामतः राचरित आराम।

कलितः कपि निसिचर कहत हमहिं किये बिधि बाम।215।

* *

मातु सकल सानुज भरत गुरू पुर लोग सुभाउ।
देखत देख न कैकइहि लंकापति कपिराउ।216।

* *

सहज सरल रघुबर बचन कुमति कुटिल करि जान।
चलइ जोंक जल बक्रगति जद्यपि सलिलु समान।217।

* *

दसरथ नाम सुकामतः फलइ सकल कल्यान।
धरनि धाम धन धरम सुत सदगुन रूप निधान।218।

* *

तुलसी जान्यो दसरथहिं न सत्य समान।
रामु तजे जेहि लागि बिनु राम परिहरे प्रान।219।

* *

राम बिरहँ दसरथ मरन मुनि मन अगम सुमीचु।
तुलसी मंगल मरन तरू सुचि सनेह जल सींचु।220।

* *

जीवन मरन सुनाम जैसें दसरथ राय को।
जियत खिलाए राम राम बिरहँ तनु परिहरेउ।221।

* *

श्री प्रभुहिं बिलोकत गोद गत सिय हिय घायल नीचु।
तुलसी पाई गीधपति मुकुति मनोहर मीचु।222।

* *

बिरत करम रत भगत मुनि सिद्ध ऊँच अरू नीचु।

तुलसी सकल सिहात सुनि गीधराज की मीचु ।223।

* *

मुए मरत मरिहैं सकल घरी पहरके बीचु।
लही न काहूँ आजु लौं गीधराज की मीचु ।224।

* *

मुएँ मुकुत जीवत मुकुत मुकुत मुकुत हुँ बीचु।
तुलसी सबहे तें अधिक गीधराज की मीचु ।225।

* *

रघुवर बिकल बिहंग सो बिलोकि दोउ बीर।
सिय सुधि कहि सिय राम कहि देह तजी मति धीर ।226।

* *

दसरथ तें दसगुन भगति सहित तासु करि काजु।
सोचत बंधु समेत प्रभु कृपासिंधु रघुराजु ।227।

* *

केवट निसिचर बिहग मृग किए साधु सनमानि।
तुलसी रघुबर की कृपा सकल सुमंगल खानि ।228।

* *

मंजुल मंगल मोदमय मूरति मारूत पूत।
सकल सिद्धि कर कमल तल सुमिरत रघुबर दूत ।229।

* *

धीर बीर रघुबीर प्रिय सुमिर समीर कुमारू।
अगम सुगम सब काज करू करतल सिद्धि बिचारू ।230।

* *

सुख मुद मंगल कुमुद बिधु सुगुन सरोरूह भानु।

करहु काज सब सिद्धि सुभ आनि हिएँ हनुमानु ।231 ।

* *

सकल काज सुभ समउ भल सगुन सुमंगल जानु ।
कीरति बिजय बिभूति भलि हियँ हनुमानहि आनु ।232 ।

* *

सूर सिरोमनि साहसी सुमति समीर कुमार ।
सुमिरत सब सुख संपदा मुद मंगल दातार ।233 ।

* *

तुलसी तनु सर सुख जलज भुज रूज गज बरजोर ।
दलत दयानिधि देखिये कपि केसरी किसोर ।234 ।

(गोस्वामी जी की बाँह मे रोग हो गया था जो श्री हनुमान जी की स्तुति से अच्छा हो गया । यह दोहे उसी प्रसंग के कहे जाते हैं ।)

* *

भुज तरू कोटर रोग अहि बरबस कियो प्रवेस ।
बिहगराज बाहन तुरत काढ़िअ मिटै कलेस ।235 ।

* *

बाहु बिटप सुख बिहँग थलु लगी कुपीर कुआगि ।
राम कृपा जल सींचिऐ बेगि दीन हित लागि ।236 ।

* *

मुक्ति जन्म महि जानि ग्यान खानि अघ हाति कर ।
जहँ बस संभु भवानि सो कासी सेइअ कस न ।237 ।

* *

जरत सकल सुर बृंद सुर बृंद बिषम गरल जेहिं पान किय ।
तेहि न भजसि मन मंद को कृपालु संकर सरिस ।238 ।

* *

बासर ढासनि के ढका रजनीं चहुँ दिसि चोर ।

संकर निज पुर राखिऐ चितै सुलोचन कोर।239।

* *

अपनी बीसीं आपुहीं पुरिहिं लगाए हाथ।
केहि बिधि बिनती बिस्व की करौं बिस्व के नाथ।240।

* *

और करै अपरधु कोउ और पाव फल भोगु।
अति बिचित्र भगवंत गति को जग जानै जोगु।241।

* *

प्रेम सरीर प्रपंच रूज उपजी अधिक उपाधि।
तुलसी भली सुबैदई बेगि बाँधिऐ ब्याधि।242।

* *

हम हमार आचार बड़ भूरि भार धरि सीस।
हठि सठ परबस परत जिमि कीर कोस कृमि कीस।243।

* *

केहिं मग प्रबिसति जाति केहिं कहु दरपनमें छाहँ।
तुलसी ज्यों जगज ीव गति करी जीव के नाहँ।244।

* *

सुखसागर सुख नींद बस सपने सब करतार।
माया माया नाथ की को जग जाननिहार।245।

* *

जीव सीव सम सुख सयन सपनें कछु करतूति।
जागत दीन मलीन सोइ बिकल बिषाद बिभूति।246।

* *

सपनें होइ भिखारि नृपु रंकु नाकपति होइ।

जागें लाभु न हानि कछु तिमि प्रपंच जियँ जोइ।247।

* *

तुलसी देखत अनुभवत सुनत न समुझत नीच।
चपरि चपेटे देत नित केस गहें कर मीच।248।

* *

करम खरी कर मोह थल अंक चराचर जाल।
हनत गुनत गनि गुनि हनत जगत ज्यौतिषी काल।249।

* *

कहिबे कहँ रसना रची सुनिबे कहँ किये कान।
धरिबे कहँ चित हित सहित परमारथहि सुजान।250।

* *

ग्यान कहै अग्यान बिनु तम बिनु कहै प्रकास।
निरगुन कहै जो सगुन बिनु सो गुरू तुलसीदास।251।

* *

अंक अखुन आखर सगुन समुझिअ उभय प्रकार।
खोएँ राखें आपु भल तुलसी चारू बिचार।252।

* *

परमारथ पहिचानि मति लसति बिषयँ लपटानि।
निकसि चिता तें अधजरित मानहुँ सती परानि।253।

* *

सीस उघारन किन कहेउ बरजि रहे प्रिय लोग।
घरहीं सती कहावती जरती नाह बियोग।।254।

* *

खरिग्रा खरी कपूर सब उचित न पिय तिय त्याग।

कै खरिया मोहि मेलि कै बिमल बिबेक बिराग |255 |

* *

घर कीन्हें घर जात है घर छाँडेध घर जाइ |
तुलसी घर बन बीचहीं राम प्रेम पुर छाइ |256 |
दिएँ पीठि पाछें लगै सनमुख होत पराइ |
तुलसी संपति छाँह ज्यों लखि दिन बैठि गँवाइ |257 |

* *

तुलसी अद्‌भुत देवता आसा देवी नाम |
सेएँ सोक समर्पई बिमुख भएँ अभिराम |258 |

* *

सोई सेंवर तेइ सुवा सेवत सदा बसंत |
तुलसी महिमा मोह की सुनत सराहत संत |259 |

* *

करत न समुझत झूठ गुन सुन होत मति रंक |
पारद प्रकट प्रपंचमय सिद्धिउ नाउँ कलंक |260 |

* *

ग्यानी तापस सूर कबि कोबिद मुन आगार |
केहि कै लोभ बिडंबना कीन्हि न एहिं संसार |261 |

* *

श्री मद बक्र न कीन्ह केहि प्रभुता बधिर न काहि |
मृगलोचनि के नेन सर को अस लाग न जाहि |262 |

* *

ब्यापि रहेउ संसार महुँ माया कट'क प्रचंड |
सेनापति कामादि भट दंभ कपट पाषंड |263 |

* *

तात तीनि अति प्रबल खल काम क्रोध अरू लोभ।
मुनि बिग्यान धम मन करहिं निमिष महुँ छोभ ।264 ।

* *

लोभ के इच्छा दंभ बल काम के केवल नारि।
क्रोध कें परूष बचन बल मुनिबर कहहिं बिचारि ।265 ।

* *

काम क्रोध लोभादि मद प्रबल मोह कै धारि।
तिन्ह महँ अति दाश्न दुखद मायारूपी नारि ।266 ।

* *

काह न पावक जारि सक का न समुद्र समाइ।
का न करै अबला केहि जग कालु न खाइ ।267 ।

* *

जनमपत्रिका बरति कै देखहु मनहिं बिचारि।
दारून बैरी मीचु के बिच बिराजति नारि ।268 ।

* *

दीपसिखा सम जुबति तनम न जनि होसि पतंग।
भजहि राम तजि काम मद करहि सदा सतसंग ।269 ।

* *

काम क्रोध मद लोभ रत गृहासत्त दुखरूप।
ते किमि जानहिं रघपवतिह मूढ़ परे भवकूप ।270 ।

* *

ग्रह ग्रहीत पुनि बात बस तेहि पुनि बीछी मार।
तेहि पिआइअ बारूनी कहहु काह उपचार ।271 ।

* *

ताहि के रांपति रागुन सुभ सपनेहुँ मन बिश्राम।

भूत द्रोह रत माहबस राम बिमुख रति काम।272।

* *

कहत कठिन समुझत कठिन साधक कठिन बिबेक।

होइ घुनाच्छर न्याय जौं पुनि प्रत्यूह अनेक।273।

* *

खल प्रबोध जग सोधमन को निरोध कुलनसोध करह।

ते फोकट पचि मरहिं सपनेहुँ सुख न सुबोध।274।

* *

कोउ बिश्राम कि पव तात सहज संतोष बिनु।

चलै कि जल बिनु नाव कोटि जतन पचि पचि मरिअ।275।

* *

सुर नर मुनि कोउ नाहिं जेहि न मोह माया प्रबल।

अस बिचारि मन माहिं भजिअ महामाया पतिहि।276।

* *

एक भरोसो एक बल एक आस बिस्वास।

एक राम घन स्याम हित चातक तुलसीदास।277।

* *

जौं घन बरषै समय सिर जौं भरि जनम उदास।

तुलसी या चित चातकहि तऊ तिहारी आस।278।

* *

चातक तुलसी के मतें स्वातिहुँ पिऐ न पानि।

प्रेम तृषा बाढ़ति भली घटें घटैगी आनि।279।

* *

रटत रटत रसना लटी तृषा सूखि गे अंग ।

तुलसी चातक प्रेम को नित नूतन रूचि रंग ।280।

* *

चढ़त न चातक चित कबहुँ प्रिय पयोद के दोष ।
तुलसी प्रेम प्योधि की ताते नाम न जोख ।281।

* *

बरसि परूष पाहन पयद पंख करौ टुक टूक।
तुलसी परी न चाहिऐ चतुर चातकहि चूक।।282।

* *

उपल बरसि गरजत तरजि डारत कुलिस कठोर।
चितव कि चातक मेघ तजि कबहुँ दूसरी ओर ।283।

* *

पबि पाहन दामिनी गरज झरि झकोर खरि खीझि।
रोष न प्रीतम दोष लखि तुलसी रागहि रीझि ।284।

* *

मान राखिबो माँगिबो पिय सों नित नव नेहु।
तुलसी तीनिउ तब फबैं जौं चातक मन लेहु ।285।

* *

तुलसी चातक की फबै मान राखिबो प्रेम।
बक्र बुंद लखि स्वातिहू निदरि निबाहत नेम ।286।

* *

तुलसी चातक माँगनो एक उक घन दानि।
देत जो भू भाजन भरत लेत जतो घूँटक पानि ।287।

* *

तीनि लोक तिहुँ काल जस चातक ही के माथ।

तुसी जासु न दीनता सुनी दूसरे नाथ ।288।

* *

प्रीति पपीहा पयद की प्रगट नई पहिचानि।
जाचक जगत कनाउड़ा कियो कनौड़ा दानि ।289।

* *

नहिं जाचक नहिं सेग्रही सीस नाइ नहिं लेइ।
ऐसे मानी मागनेहि को बारिद बिन देइ ।290।

* *

को को न ज्यायो जगत में जीवन दायक दानि।
भयो कनोड़ो जाचकहि पयद प्रेम पहिचानि ।291।

* *

साधन साँसति सब सहत सबहि सुखद फल लाहु।
तुलसी चातक जलद की रिझि बूझि बुध काहु ।292।

* *

चातक जीवल दायकहि जीवन समयँ सुरीति।
तुलसी अलख न लखि परै चातक प्रीति प्रतीति ।293।

* *

जीव चराचर जहँ लगे हैं सब को हित मेह ।
तुलसी चातक मन बस्यो घन सों सहत सनेह ।294।

* *

डोलत बिपुल बिहंग बन पिअत पोखरिन बारि।
सुजस धवल चातक नवल तुही भुवन दस चारि ।295।

* *

मुख मीठे मानस मलिन कोकिल मोर चकोर।

सुजस धवल चातक नवल रह्यो भुवन भति तोर ।296 ।

* *

बास बेसि बोलनि चलनि मानस मंजु मराल ।
तुलसी चातक प्रेम की कीरति बिसद बिसाल ।297 ।

* *

प्रेम न परखिअ परूष्पन प्यद सिखावन एह ।
जग कह चातक पातकी ऊसर बरसै मेह ।298 ।

* *

होइ न चातक पातकी जीवन दानि न मूढ़ ।
तुलसी गति प्रहलाद की समुझि प्रेम पथ गूढ़ ।299 ।

* *

गरज आपनी सबन को गरज करत उर आनि ।
तुलसी चातक चतुर भो जाचक जानि सुदानि ।300 ।

* *

चरग चंगु गत चातकहि नेम प्रेम की पीर ।
तुलसी परबस हाड़ पर परिहैं पुहुमी नीर ।301 ।

* *

बध्यो बधिक पर्यो पुन्य जल उलटि उठाई चोंच ।
तुलसी चातक प्रेमपट मरतहुँ लगी न खोंच ।302 ।

* *

अंड फोरि कियो चेटुवा तुष पर्यो नीर निहारि ।
गहि चंगुल चातक चतुर डार्यो बाहिर बारि । ।303 ।

* *

तुलसी चातक देति सिख सुतहिं बारहीं बार ।

तात न तर्पन कीजिऐ बिना बारिधर धार |304 |

* *

जिअत न नाई नारि चातक घन तजि दूसरहि |
सुरसरिहू को बारि मरत माँगेउ अरध जल |305 |

* *

सुनु रे तुलसीदस प्यास पपीहहि प्रेम की |
परिहरि चारिउ मास जो अँचवै जल स्वाति को |306 |

* *

जाचौ बारह मास पिऐ पपीहा स्वाति जल |
जान्यों तुलसीदास जोगवत नेही नेह मन |307 |

* *

तुलसीं के मत चातकहि केवल प्रेम पिआस |
पिअत स्वाति जल जान जग जाँचत बाारह मास |308 |

* *

आलबाल मुकुताहलनि हिय सनेह तरू मूल |
होइ हेतु चित चातकहि स्वाति सलिलु अनुकूल |309 |

* *

उष्न काल अरू देह खिन मग पंथी तन ऊख |
चातक बतियाँ न रूचीं अन जल सींचे रूख |310 |

* *

अन जल सींचे रूख की छाया तें बरू घाम |
तुलसी चातक बहुत हैं यह प्रबीन को काम |311 |

* *

एक अंग जो सनेहता निसि दिन चातक नेह |

तुलसी जासें हित जगै वहि अहार वहि देह।312।

* *

बिबि रसना तनु स्याम है बंक चननि बिष खानि।
तुलसी जस श्रवननि सुन्यो समरप्यो आनि।313।

* *

आपु ब्याध को रूप धरि कुहौ कुरंगहि राग।
तुलसी जो मृग मन मुरै परै प्रेम पट दाग।314।

* *

तुलसी मनि निज दुति फनिहि ब्याधहि देउ दिखाइ।
बिछुरत होइ न आँधरो ताते प्रेम न जाइ।315।

* *

जरत तुहिन लखि बनज बन रबि दै पीठि पराउ।
उदय बिकस अथवत सकुच मिटै न सहज सुभाउ।316।

* *

देउ आपनें हाथ जल मीनहि माहुर घोरि।
तुलसी जिये जो बारि बिनु तौ तु देहि कबि खोरि।317।

* *

मकर उरग दादुर कमठ जल जीवन जल गेह।
तुलसी एकै मीन को है साँचिलो सनेह। 318।

* *

तुलसी मिटे न मरि मिटेहुँ साँचो सहज सनेह।
मोरसिखा बिनु मूरिहूँ पलुहत गरजत मेह।319।

* *

सुलभ प्रीति प्रीतम सबै कहत करत सब कोइ।
तुलसी मीन पुनीत ते त्रिभुवन बड़ो न कोइ।320।

* *

तुलसी जप तप नेम ब्रत सब सबहीं तें होइ।
लहै बड़ाई देवता इष्टदेव जब होइ।321।

* *

कुदिन हितू सो हित सुदिन हित अनहित किन होइ।
ससि छबि हर रबि सदन तउ मित्र कहत सब कोइ।322।

* *

कै लघुकै बड़ मीत भल सम सनेह दुख सोइ।
तुलसी ज्यों घृत मधु सरिस मिलें महाबिष होइ।323।

* *

मान्य मीन सो सुख चहैं सो न छुऐ छल छाहँ।
ससि त्रिसंकु कैकेइ गति लखि तुलसी मन माहँ।324।

* *

कहिअ कठिन कृत कोमलहुँ हित हठि होइ सहाइ।
पलक पानि पर ओड़ियत समुझि कुघाइ सुघाइ।325।

* *

तुलसी बैर सनेह दोउ रहित बिलोचन चारि।
सुरा सेवरा आदरहिं निंदहिं सुरसरि बारि।326।

* *

रूचौ मागनेहि मागिबो तुलसी दानिहि दानु।
आलस अनख न आचरज प्रेम पिहानी जानु।327।

* *

अमिय गारि गारेउ गरल गारि कीन्ह करतार।
प्रेम बैर की जननि जुग जानहिं बुध न गवाँर ।328 ।

* *

सदा न जे सुमिरत रहहिं मिलि न कहरिं प्रिय बैन।
ते पै तिन्ह के जाहिं घर जिन्ह के हिएँ न नैन ।329 ।

* *

हित पुनीत सब स्वाथिहिं अरि असुद्ध बिनु चाड़।
निज मुख मानिक सम दसन भूमि परे ते हाड़ ।330 ।

* *

माखी काक उलूक बक दारुर से भये लोग।
भले ते सुक कपक मोरसे कोउ न प्रेम पथ जोग ।331 ।

* *

हृदय कपट बर बेष धरि बचन कहहिं गढ़ि छोलि।
अब के लोग मयूर ज्यों क्यों मिलिए मन खोलि ।332 ।

* *

चरन चोंच लोचन रँगौ चलौ मराली चाल।
छीर नीर बिबरन समय बक उघरत तेहि काल।।

* *

मिलै जो सरलहि सरल ह्वै कुटिल न सहज बिहाइ।
सो सहेतु ज्यों बक्र गति ब्याल न बिलहिं समाइ।।

* *

कूसधन सखहि न देब दुख मुएहुँ न मागब नीच।
तुलसी सज्जन की रहनि पावकपानी बीच।।335 ।

* *

संग सरल कुटिलहि भएँ हरि हर करहिं निबाहु ।
ग्रह गनती गनि चतुर बिधि कियो उदर बिनु राहु।।
* *

नीच निखई रनहिं तजइ सज्जनहू कें संग।
तुलसी चंदन बिटप बसि बिनु बिष भए न भुअंग ।337।
* *

भलो भलाइहि पै लहै लहइ निचाइहि नीचु।
सुधा सराहिअ अमरताँ गरल सराहिअ मीचु ।338।
* *

मिथ्या माहुर सज्जनहि गरल सम साँच।
तुलसी छुअत पराइ ज्यों पारद पावक आँच ।339।
* *

संत संग अपबर्ग कर कामी भव कर पंथ।
कहहिं संत कबि कोबिद श्रुति पुरान कदग्रंथ ।340।
* *

सुकृत न सुकृती परिहरइ कपट न कपटी नीच।
मरत सिखावन देइ चले गीधराज मारीच ।341।
* *

सुजन सुतरू बन ऊख सम खल टंकिका रूखन।
परहित बनहित लागि सब साँसति सहज समान ।342।
* *

पिअहिं सुमन रस अलि बिटप काटि कोल फल खात।
तुलसी तरूजीवी जुगल सुमति कुमति की बात ।343।
* *

अवसर कौड़ी जो चुकै बहुरि दिएँ का लाख।
दुइज न चंदा दखिऐ उदौ कहा भरि पाख ।344।

* *

ग्यान अनभले को सबहि भले भलेहू काउ।
सींग सूँड़ रद लूम नख करत जीव जड़ घाउ ।345।

* *

तुलसी जग जीवन अहित कतहुँ कोउ हित जानि।
सोषक भानु कृसानु महि पवन एक घन दानि ।346।

* *

सुनिअ सुधा देखिअहिं गरल सब करतुति कराल।
जहँ तहँ काक उलूक बक मानस सकृत मराल ।347।

* *

जलचर थल चर गगनचर देव दनुज नर नाग।
उत्तम मध्यम अधम खल दस गुन बढ़त बिभाग ।348।

* *

बलि मिस देखे देवता कर क मिस मानव देव।
मुए मार सुबिचार हत स्वारथ साधन एव ।349।

* *

सुजन कहत भल पोच पथ पापि न परखइ भेद।
करमनास सुरसरित मिस बिधि निषेध बद बेद ।350।

* *

मनि भाजन मधु पारई पूरन अमी निहारि।
का छाँड़िअ का संग्रहिअ कहहु बिबेक बिचारि ।351।

* *

उत्तम मध्यम नीच गति पाहन सिकता पानि।
प्रीति परिच्छा तिहुन की बैर बितिक्रम जानि ।352 ।

* *

पुन्य प्रीति पति प्रापतिउ परमारथ पथ पाँच।
लहहिं सुजन परिहरहिं खल सुनहु सिखवन साँच ।353 ।

* *

नीच निरादरहीं सुखद आदर सुखद बिसाल।
करदी बदरी बिटप गति पेखहु पनस रसाल। 354 ।

* *

तुलसी अपनो आचरन भलो न लागत कासु।
तेहि न बसात जो खात नित लहसुनहू को बासु ।355 ।

* *

बुध से बिबेकी बिमलमति जिन्ह कें रोष न राग।
सुहृदय सराहत साधु जेहि तुलसी ताको भाग ।356 ।

* *

आपु आपु कहँ सब भलो अपने कहँ कोइ कोइ।
तुलसी सब कहँ जो भलो सुजन सराहिअ सोइ ।357 ।

* *

तुलसी भलो सुसंग तें पोच कुसंगति सोइ।
नाउ किंनरी तीर असि लोह बिलोकहु लोइ ।358 ।

* *

गुरू संगति गुरू होइ सो लघ्घ्रु संगति लघुनाम ।
चार पदारथ में गनैं नकि द्वारहू काम ।359 ।

* *

तुलसी गुरू लघुतालहत लघुसंगति परिनाम ।
देवी देव पुकाअित नीच नारि नर नाम ।360 ।
* *

तुलसी किएँ कुसंग थिति होहिं दाहिने बाम।
कहि सुनि सकुचिअ सूम खल गत हरि संकर नाम ।361 ।
* *

बसि कुसंग वह सुजनता ताकी आस निरास।
तीरथहू को नाम भे गया मगह के पास ।362 ।
* *

राम कृपाँ तुलसी सुलभ गंग सुसंग समान।
जो जल परै जो जन मिलै कीजै आपु समान ।363 ।
* *

ग्रह भेषज जल पनन पट पाइ कुजोग सुजोग।
होहिं कुबस्तु सुबस्तु जग लखहिं सुलच्छन लोग ।364 ।
* *

जनम जोग में जानियत जग बिचित्र गति देखि।
तुलसी आखर अंक रस रंग बिभेद बिसेषि ।365 ।
* *

आखर जोरि बिचार करू सुमति अंक लिखि लिखि लेखु।
जोग कुजोग सुजोग मय जग गति समुझि बिसेषु ।366 ।
* *

करू बिचार चलु सुपथ भल आदि मध्य परिनाम।
उलटि जपें 'जारा मरा' सूधें 'राजा राम' ।367 ।
* *

होइ भले कें अनभलो होइ दानि कें सूम।
होइ कपूत सपूत कें ज्यों पावक में धूम ।368।

* *

जड़ चेतन गुन दोष मय बिस्व कीन्ह करतार।
संत हंस गुन गहहि पय परिहरि बारि बिकार ।369।

* *

पाट कीट तें होइ तेहि तें पटंबर रूचिर।
कृमि पालइ सबु कोइ परम अपावन प्रान सम ।370।

* *

जो जो जेहिं रस मगन तहँ सो मुदित मन मानि।
रसगुन दोष बिचारिबो रसिक रीति पहिचानि ।371।

* *

सम प्रकास तम पाख दुहुँ नाम भेद बिधि कीन्ह।
ससि सोषक पोषक समुझि जगज स अपजस दीन्ह ।372।

* *

लोक बेदहू लौं दगो नाम भले को पोच।
धर्मराज जम गाज पबि कहत सकोच न सोच ।373।

* *

बिरूचि परखिऐ सुजन जन राखि परखिऐ मंद।
बड़वानल सोषत उदधि हरष बढ़ावत चंद ।374।

* *

प्रभु सनमुख भएँ नीच नर होत निपट बिकराल।
रबिख लखि दरपन फटिक उगिलत ज्वालाजाल ।375।

* *

प्रभु समीप गत सुजन जन होत सुखद सुबिचार।
लवन जलधि जीवन जलद बरषत सुधा सुबारि ।376।

* *

नीच निरावहिं निरस तरू तुलसी सींचहिं ऊख।
पोषत पयद समान सब बिष पियूष के रूख ।377।

* *

बरषि बिस्व हरषित कहत हरत ताप अघ प्यास।
तुलसी दोष न जलद को जो जल जरै जवास ।378।

* *

अमर दानि जाचक मरहिं मरि मरि फिरि फिरि लेहिं।
तुलसी जाचक पातकी दातहि दूषन देहिं ।379।

* *

लखि गयंद लै चलत भजि स्वान सुखानो हाड़।
गज गुन मोल अहार बल महिमा जान कि राड़ ।380।

* *

कै निदरहुँ कै आदरहुँ सिंघहि स्वान सिआर।
हरष बिषाद न केसरिहि कुंजर गंजनिहार ।381।

* *

ठाढ़ो द्वार न दै सकैं तुलसी जे नर नीच।
निंदहिं बलि हरिचंद को का कियो करन दधीच ।382।

* *

ईस सीस बिलसत बिमल तुलसी तरल तरंग।
स्वान सरावग के कहें लधुता लहै न गंग ।383।

* *

तुलसी देवल देव को लागे लाख करोरि।
काक अभागें हगि भर्यो महिमा भई कि थोरि ।384 ।
* *

निज गुन घटत नाग नग परखि परिहरत कोल।
तुलसी प्र्भु भूषन किए गुंजा बढ़े न मोल। ।385 ।
* *

राकापति षोड़स उअहिं तारा गन समुदाइ।
सकल गिरिन्ह दव लाइअ बिनु रबि राति न जाइ ।386 ।
* *

भलो कहहिं बिनु जानेहूँ बिनु जानेहूँ बिनु जानें अपबाद।
ते नर गादुर जानि जियँ कहिय न हरष बिषाद ।387 ।
* *

पर सुख संपति देखि सुनि जरहिं जे बड़ बिनु आगि।
तुलसी तिन के भागते चलै भलाई भागि ।388 ।
* *

तुलसी जे कीरति चहहिं पर की कीरति खोइ।
तिनके मुँह मसि लागिहैं मिटहि न मरिहै धोइ ।389 ।
* *

तनु गुन धन महिमा धरम तेहि बिनु जेहि अभिमान।
तुलसी जिअत बिडंबना परिनामहु गत जान। ।390 ।
* *

सासु ससुर गुरू मातु पितु प्रभु भयो चहै सब कोइ।
होनी दुजी ओर को सुजन सराहिअ सोइ ।391 ।
* *

सठ सहि साँसति पति लहत सुजन कलेस न कायँ।
गढ़ि गुढ़ि पाहन पूजिऐ गंडकि सिला सुभायँ।392।

* *

बड़े बिबुध दरबार तें भमि भूप दरबार।
जापक पूजत पेखिअत सहत निरादर भार।393।

* *

बिनु प्रपंच छल भीख भलि लहिअ न दिएँ कलेस।
बावन बलि सों छल कियो दियो उचित उपदेश।394।

* *

भलो भले सों छल किएँ जनम कनौड़ो होइ।
श्रीपति सिर तुलसी लसति बलि बावन गति सोइ।395।

* *

बिबुध काज बावन बलिहि छलो भलो जिय जानि।
प्रभुता तजि बस भे तदपि मन की गइ न गलानि।396।

* *

सरल बक्र गति पंच ग्रह चपरि न चितवत काहु।
तुलसी सूधे सूर ससि समय बिडंबित राहु।397।

* *

खल उपकार बिकार फल तुलसी जान जहान।
मेढुक मर्कट बनिक बक कथा सत्य उपखान।398।

* *

तुलसी खल बानी मधुर सुनि समुझिअ हियँ हेरि।
राम राज बाधक भई मूढ़ मंथरा चेरि' ।399।

* *

जोंक सूधि मन कुटिल गति खल बिपरीत बिचारू।

अनहित सोनित सोष सो सो हित सोषनहा।400।

* *

7

तुलसीदास पद

नचत ही निसि–दिवस मर्यो।
तब ही ते न भयो हरि थिर जबतें जिव नाम धर्यो।।
* *

बहु बासना बिबिध कुचुकि भूषन लोभादि भर्यो।
चय अरू अचर गगन जल थल मे, कौन न स्वाँग कर्यो।
देव–दनुज, मुनि,नाग, मनुज नहिं जाँचत कोउ हर्यो।।
* *

थके नयन, पद, पानि, सुमति, बल, संग सकल बिछुर्यो।
अब रघुनाथ सरन आयो, भव–भय बिकल डर्यो।।
* *

जेहि गुनतें बस होहु रीझि करि, सो मोहि सब बिसर्यो।
तुलसिदास निज भवन–द्वार प्रभु दीजै रहन पर्यो।।
* *

माधवजू, मोसम मंद न कोऊ।
जद्यपि मीन पतंग हीनमति, मोहिं नहिं पूजैं ओऊ।1।
* *

रूचिर रूप आहार–बस्य उन्ह, पावक लोह न जान्यो।
देखत बिपति बिषय न तजत हौं , ताते अधिक अयान्यो ।2 ।

* *

महामोह–सरिता अपार महँ,संतत फिरत बह्यो।
श्री हरि चरन कमल नौका तजि, फिरि फिरि फेन गह्यो ।3 ।

* *

अस्थि पुरातन छुधित स्वान अति ज्यौं भरि मुख पकरै।
निज तालूगत रूधिर पान करि, मन संतोष धरै ।4 ।

* *

परम कठिन भव–व्याल– ग्रसित हौं त्रसित भयो अति भारी।
चाहत अभय भेक सरनागत, खगपति–नाथ बिसारी ।5 ।

* *

जलचल–बृंद जाल–अंतरगत होत सिमिटि इक पासा।
एकहि एक खात लालच–बस, नहिं देखत निज नासा ।6 ।

* *

मेरे अघ सारद अनेक जुग, गनत पार नहिं पावै।
तुलसिदास पतित–पावन प्रभु यह भरोस जिय आवै ।7 ।

* *

कृपा सो धौं कहाँ बिसारी राम।
जेहिं करूना सुनि श्रवन दीन–दुख, धावत हौ तजि धाम ।1 ।

* *

नागराज निज बल बिचारि हिय, हारि चरन चित दीन्हो।
आरत गिरा सुनत खगपति तजि, चलत बिलंब न कीन्हों ।2 ।

* *

दितिसुत–त्रास–त्रसित निसदिन प्रहलाद–प्रतिग्या राखी।
अतुलित बल मृगराज–मनुज–तनु दनुज हत्यो श्रुति साखी ।3 ।

* *

भूप –सदसि सब नृप बिलोकि प्रभु, राखु कह्यो नर–नारी।

बसन पूरि, अरि–दरप दुरि करि, भूरि कृपा दनुजारी।4।

* *

एक एक रिपुते त्रासित जन, तुम राखे रघुबीर।
अब मोहिं दुसह दुख बहु रिपु कस न हरहु भव–पीर।5।

* *

लोभ–ग्राह, दनुजेस–क्रोध, कुरूराज–बंधु खल मार।
तुलसिदास प्रभु यह दारून दुख भंजहु राम उदार।6।

* *

काहे ते हरि मोहिं बिसारो।
जानत निज महिमा मेरे अघ, तदपि न नाथ सँभारो।1।

* *

पतित–पुनीत दीनहित, असरन–सरन कहत श्रुति चारों।
हौं नहिं अधम, सभीत ,दीन? किधौं बेदन मृषा पुकारो?।2।

* *

खग– गनिका–गज–ब्याध–पाँति जहँ तहँ हौहूँ बैठारो।
अब केहि लाज कृपानिधान! परसत पनवारो फारो।3।

* *

जो कलिकाल प्रबल अति होतो, तुव निदेसतें न्यारो।
तौं हरि! रोष भरोस दोष गुन तेहिं भजते तजि गारो।4।

* *

मसक बिरंचि बिरंचि मसक सम, करहु प्रभाउ तुम्हारो।
यह सामरथ अछत मोहिं त्यागहु, नाथ तहाँ कछु चारों।5।

* *

नहिन नरक परत मोकहँ डर, जद्यपि हौं अति हारो।
यह बड़ि त्रास दासतुलसी, प्रभु नामहु पाप न जारो।6।

* *

तऊ न मेरे अघ–अवगुन गनिहैं।
जौ जमराज काज सब परिहरि, इहै ख्याल उर अनिहैं।1।

* *

चलिहैं छूटि पुंज पापिनके, असमंजस जिय जनिहैं।
देखि खलल अधिकार प्रभूसों (मेरी) भूरि भलाई भनिहैं।2।

* *

हँसि करिहैं परतीति भगतकी, भगत–सिरोमनि मनिहैं।
ज्यों त्यों तुलसिदास कोसलपति अपनायेहि पर बनिहैं।3।

* *

जौ पै जिय धरिहौं अवगुन जनके।
तौ क्यों कटत सुकृत –नखते मो पैं, बिपुल बृंद अघ–बनके।1।

* *

कहिहै कौन कलुष मेरे कृत, करम बचन अरू मनके।
हारहिं अमित सेष सारद श्रुति, गिनत एक एक छनके।2।

* *

जो चित चढ़ैं नाम–महिमा निज, गुनगन पावक पनके।
तो तुलसिहिं तारिहौं बिप्र ज्यों दसन तोरि जमगनके।3।

* *

जौं पे हरि जनके औगुन गहते।
तौ सुरपति कुरूराज बालिसों कत हठि बैर बिसहते। 1।

* *

जौ जप जाग जोग ब्रत बरजित, केवल प्रेम न चहते।
तौं कत सुर मुनिबर बिहाय ब्रज, गोप –गेह बसि रहते।2।

* *

जौं जहँ–तहँ प्रन राखि भगतको ,भजन–प्रभाउ न कहते।
तौ कलि कठिन करम–मारग जड़ हम केहि भाँति निबहते। 3।

* *

जौ सुतहित लिये नाम अजामिलके अघ अमित न दहते।
तौ जमभट साँसति–हर हमसे बृषभ खोजि खोजि नहते।4।

* *

जौ जगबिदित पतितपावन, अति बाँकुर बिरद न बहते।
तौ बहुकलम कुटिल तुलसीसे, सपनेहुँ सुगति न लहते।5।

* *

ऐसी हरि करत दासपर प्रीति।
निज प्रभुता बिसारि जनके बस, होत सदा यह रीति। 1।

* *

जिन बाँधे सुर–असुर, नाग–नर, प्रबल करमकी डोरी।
सोइ अबिछिन्न ब्रह्म जसुमति हठि बाँध्यो सकत न छोरी।2।

* *

जाकी मायाबस बिरंचि सिव नाचत पार न पायो।
करतल ताल बजाय ग्वाल–जुवतिन्ह सोइ नाच नचायो।3।

* *

बिस्वंभर,श्रीपति,त्रिभुवनपति, बेद–बिदित यह लीख।
बलिसों कछु चली प्रभुता बरू ह्वै द्विज माँगी भीख। 4।

* *

जाको नाम लिये छूटत भव जनम मरन दुख भार।
अंबरीष–हित लागि कृपानिधि सोइ जनमें दस बार।5।

* *

जोग–बिराग, ध्याान –जप–तप–करि, जेहिं खोजत मुनि ग्यानी।
बानर–भालु चपल पसु पामर, नाथ तहाँ रति मानी।6।

* *

लोकपाल, जम, काल, पवन, रबि, ससि सब आग्याकारी।
तुलसिदास प्रभु उग्रसेन के द्वार बेंत कर धारी।7।

* *

श्री बिरद गरीब निवाज रामको।
गावत बेद–पुरान, संभु–सुक, प्रगट प्रभाउ नामको।
ध्रुव, प्रह्लाद, विभीषन, कपिपति, जड़ पतंग,पांडव, सुदामको।
लोक सुजस परलोक सुगति, इन्हमें को है राम कामको।।

* *

गनिका, कोल, किरात, आबिकब इन्हते अधिक बाम को।
बाजिमेध कब कियो अजामिल, गज गायो कब सामको।
छली, मलीन, हीन सब ही अँग, तुलसी सो छीन छामको।

नाम–नरेस–प्रताप प्रबल जग, जुग–जुग चालत चामको।।

* *

सुनि सीतापति–सील–सुभ्सउ।
मोद न मन, तन पुलक, नयन जल, सो नर खेहर खाउ।1।

* *

सिसुपनतें पितु, मातु, बंधु, गुरू, सेवक, सचिव, सखाउ।
कहत राम–बिधु–बदन रिसोहैं सपनेहुँ लख्यो न काउ।2।

* *

खेलत संग अनुज बालक नित, जोगवत अनट अपाउ।
जीति हारि चुचुकारि दुलारत, देत दिवावत दाउ।3।

* *

सिला साप–संताप–बिगत भइ परसत पावन पाउ।
दई सुगति सो न हेरि हरष हिय, चरन छुएको पछिताउ।4।

* *

भव–धनु भंजि निदरि भूपति भृगुनाथ खाइ गये ताउ।
छामे अपराध, छमाइ पाँय परि, इतौ न अनत समाउ।5।

* *

कह्यो राज, बन दियो नारिबस, गरि गलानि गयो राउ।
ता कुमातुको मन जोगवत ज्यों निज तन मरम कुघाउ।6।

* *

कपि–सेवा–बस भये कनौड़े, कह्यो पवनसुत आउ।
देबेको न कछू रितियाँ हौं धनिक तूँ पत्र लिखाउ।7।

* *

अपनाये सुग्रीव बिभीषन, तिन न तज्यो छल–छाउ।
भरत सभा सनमानि, सराहत, होत न हृदय अघाउ।8।

* *

निज करतूति भगतपर चपत चलत चरचाउ।
सकृत प्रनाम प्रनत जस बरनत, सुनत कहत फिरि गाउ।9।

* *

समुझि समुझि गुनग्राम रामके , उर अनुराग बढ़ाउ।
तुलसिदास अनयास रामपद पाइहैं प्रेम –प्रसाउ ।10 ।

* *

जाँउ कहाँ तजि चरन तुम्हारे।
काको नाम पतित पावन जग, केहि अति दीन पियारे ।1 ।

* *

कौन देव बराइ बिरद– हित, हठि हठि अधम उधारे।
खग, मृग, ब्याध, पषान, बिटप जड़, जवन कवन सुर तारे ।2 ।

* *

देव, दनुज, मुनि,नाग मनुज सब, माया –बिबस बिचारे।
तिनके हाथ दासतुलसी प्रभु, कहा अपनपौ हारे ।3 ।

* *

हरि! तुम बहुत अनुग्रह कीन्हों।
साधन–धाम बिबुध दुरलभ तनु, मोहि कृपा करि दीन्हों ।1 ।

* *

कोटहुँ मुख कहि जात न प्रभुके, एक एक उपकार।
तदपि नाथ कछु और माँगिहौं, दीजै परम उदार ।2 ।

* *

बिषय–बारि मन –मीन भिन्न नहिं होत कबहुँ पल एक।
ताते सहौं बिपति अति दारून, जनमत जोनि अनेक ।3 ।

* *

कृपा–डोरि बनसी पद अंकुस, परस प्रेम–मृदु–चारो।
एहि बिधि बेधि हरहु मेरो दुख, कौतुक राम तिहारो ।4 ।

* *

हैं श्रुति–बिदित उपाय सकल सुर, केहि केहि दीन निहारै।
तुलसिदास येहि जीव मोह–रजु, जेहि बाँध्यो सोइ छोरै ।5 ।

* *

यह बिनती रघुबीर गुसाईं।

और आस–विस्वास–भरोसो, हरो जीव–जड़ताई।1।

* *

चहौं न सुगति, सुमति, संपति कछु, रिधि–सिधि बिपुल बड़ाई।
हेतु–रहित अनुराग राम–पद बढै अनुदिन अधिकाई।2।

* *

कुटिल करम लै जाहिं मोहि, जहँ जहँ अपनी बरिआई।
तहँ तहँ जनि छिन छोह छाँड़ियो, कमठ–अंडकी नाईं।3।

* *

या जगमें जहँ लगि या तनुकी प्रीति प्रतीति सगाई।
तें सब तुलसिदास प्रभु ही सों होहिं सिमिटि इक ठाईं।4।

* *

जानकी–जीवनकी बलि जैहौं।
चित कहै रामसीय–पद परिहरि अब न कहूँ चलि जैहौं।1।

* *

उपजी उर प्रतीति सपनेहुँ सुख, प्रभु–पद–बिमुख न पैहौं।
मन समेत या तनके बासिन्ह, इहै सिखावन दैहौं।2।

* *

श्रवननि और कथा नहिं सुनिहौं, रसना और न गैहौं।
रोकिहौं नसन बिलोकत औरहिं, सीस ईस ही नैहौं।3।

* *

नातो–नेह नाथसों करि सब नातों–नेह बहैहौं।
यह ठर –भार ताहि तुलसी जग जाको दास कहैहौं।4।

* *

अबलौं नसानी, अब न नसैहौं।
राम–कृपा भव–निसा सिरानी, जागे फिरि न डसैहौं।1।

* *

पायेउ नाम चारू चिंतामनि, उर–कर तें न खसैहों।
स्यामरूप सुचि रूचिर कसौटी, चित कंचनहिं कसैहौं।2।

* *

परबस जानि हँस्यो इन इंद्रिन, निज बस ह्वै न हँसैहौं।
मन–मधुकर पनक तुलसी रघुपति–पद–कमल बसैहौं।3।

* *

महाराज रामादर्यो धन्य सोई।
गरुअ, गुनरासि, सरबग्य, सुकृती, सूर, सील,–निधि, साधु तेहि सम न कोई।1।

* *

उपल ,केवट, कीस,भालु, निसिचर, सबरि, गीध सम–दम –दया –दान –हीने।।
नाम लिये राम किये पवन पावन सकल, नर तरत तिनके गुनगान कीने।2।

* *

ब्याध अपराध की सधि राखी कहा, पिंगलै कौन मति भगति भेई।
कौन धौं सेमजाजी अजामिल अधम, कौन गजराज धौं बाजपेयी।3।

* *

पांडु–सुत, गोपिका, बिदुर, कुबरी, सबरि, सुद्ध किये, सुद्धता लेस कैसो।
प्रेम लखि कृस्न किये आने तिनहूको, सुजस संसार हरिहर को जैसो।4।

* *

कोल, खस, भील जवनादि खल राम कहि, नीच ह्वै ऊँच पद को न पायो।
दीन–दुख– दवन श्रीवन करूना–भवन, पतित–पावन विरद बेद गायो।5।

* *

मंदमति, कुटिल , खल –तिलक तुलसी सरिस, भो न तिहुँ लोक तिहुँ काल कोऊ।

नाकी कानि पहिचानि पन आवनो, ग्रसित कलि- ब्याल राख्यो

सरन सोऊ ।6 ।

* *

है नीको मेरो देवता कोसलपति राम।
सुभग सरारूह लोचन, सुठि सुंदर स्याम ।1 ।

* *

सिय–समेत सोहत सदा छबि अमित अनंग।
भुज बिसाल सर धनु धरे, कटि चारू निषंग ।2 ।

* *

बलिपूजा चाहत नहीं , चाहत एक प्रीति।
सुमिरत ही मानै भलो, पावन सब रीति ।3 ।

* *

देहि सकल सुख, दुख दहै, आरत–जन –बंधु।
गुन गहि, अघ–औगुन हरै, अस करूनासिंधु ।4 ।

* *

देस–काल –पूरन सदा बद बेद पुरान।
सबको प्रभु, सबमें बसै, सबकी गति जान ।5 ।

* *

को करि कोटिक कामना , पूजै बहु देव।
तुलसिदास तेहि सेइये, संकर जेहि सेव ।6 ।

* *

बीर महा अवराधिये, साधे सिधि होय।
सकल काम पूरन करै, जानै सब कोय ।1 ।

* *

बेगि, बिलंब न कीजिये लीजै उपदेस।
बीज महा मंत्र जपिये सोई, जो जपत महेस ।2 ।

* *

प्रेम–बारि–तरपन भलो, घृत सहज सनेहु।
संसय–समिध, अगिनि–छमा, ममता–बलि देहु ।3 ।

* *

अघ –उचाटि, मन बस करै, मारै मद मार।
आकरषै सुख–संपदा–संतोष–बिचार।4।

* *

जिन्ह यहि भाँति भजन कियो, मिले रघुपति ताहि।
तुलसिदास प्रभुपथ चढ्यौ, जौ लेहु निबाहि।5।

* *

कस न करहु करूना हरे! दुखहरन मुरारि!
त्रिबिधताप–संदेह–सोक–संसय–भय–हारि।1।

* *

इक कलिकाल–जनित मल, मतिमंद, मलिन–मन।
तेहिपर प्रभु नहिं कर सँभार, केहि भाँति जियै जन।2।

* *

सब प्रकार समरथ प्रभो, मैं सब बिधि दीन।
यह जिय जानि द्रवौ नहीं, मैं करम बिहीन।3।

* *

भ्रमत अनेक जोनि रघुपति, पति आन न मोरे।
दुख–सुख सहौं , रहौं सदा सरनागत तोरे।4।

* *

तो सम देव न कोउ कृपालु, समझौं मनमाहीं।
तुलसिदास हरि तोषिये, सो साधन नाहीं।5।

* *

कहु केहि कहिय कृपानिधे! भव–जनित बिपति अति।
इंद्रिय सकल बिकल सदा, निज निज सुभाउ रति।1।

* *

जे सुख–संपति, सरग–नरक संतत सँग लागी।
हरि! परिहरि सोइ जतन करत मन मोर अभागी।2।

* *

मैं अति दीन, दयालु देव सुनि मन अनुरागे।

जो न द्रवहु रघुबीर धीर, दुख काहे न लागे।3।

* *

जद्यपि मैं अपराध–भवन, दुख–समन मुरारे।
तुलसिदास कहँ आस यहै बहु पतित उधारे।4।

* *

श्री केसव! क्हि न जाइ का कहिये।
देखत रव रचना बिचित्र हरि! समुझि मनहिं मन रहिये।1।

* *

सून्य भीति पर चित्र , रंग नहिं, तनु बिनु लिखा चितेरे।
धोये मिटइ न मरइ भीति, दुख पाइय एहि तनु हेरे।। 2।

* *

रबिकर–नीर बसै अति दारून मकर रूप तेहि माहीं।
बदन –हीन सो ग्रसै चराचर, पान करन जे जाहीं।3।

* *

कोउ कह सत्य, झूठ कह कोऊ, जुगल प्रबल कोउ मानै ।
तुलसिदास परिहरै तीन भ्रम, सो आपन पहिचानै।4।

* *

केसव कारन कौन गुसाईं।
जेहिं अपराध असाध जानि मोहिं तजेउ अग्यकी नाईं। 1।

* *

परम पुनीत संत कोमल–चित, तिनहिं तुमहिं बनि आई।
तौं कत बिप्र ब्याध गनिकहि तारेहु, कछु रही सगाई? ।2।

* *

काल , करम, गति अगति जीवकी, सब हरि! हाथ तुम्हारे।
सोइ कछु करहु हरहु ममता प्रभु! फिरउँ न तुमहिं बिसारे।3।

* *

जो तुम तजहु, भजौं न आन प्रभु, यह प्रमान पन मोरे।
मन –बच–करम नरक–सुरपुर जहँ तहँ रघुबीर निहोरे।4।

* *

जद्यपि नाथ उचित न होत अस, प्रभु सों करौं ढिठाई।
तुलसिदास सीदत निसदिन देखत तुम्हारि निठुराई ।5।

* *

माधव ! अब न द्रवहु केहिं लेखे।
प्रनतपाल पन तोर, मोर पन जिअहुँ कमल पद देखे ।1।

* *

जब लगि मैं न दीन, दयालु तैं , मैं न दास, तैं स्वामी।
तब लगि जो न दुख सहेउँ कहेउँ नहिं, जद्यपि अंतरजामी ।2।

* *

तैं उदार, मैं कृपन, पतित मैं, तैं पुनीत , श्रुति गावैं।
बहुत नात रघुनाथ! तोहि मोहिं, अब न तजे बनि आवै ।3।

* *

जनक–जननि , गुरू–बंधु, सुहृद–पति, सब प्रकार हितकारी।
द्वैतरूप तम–कूप परौं नहिं , अस कछु जतन बिचारी ।4।

* *

सुनु अदभ्र करूना बारिजलोचन मोचन भय भारी।
तुलसिदास प्रभु! तव प्रकास बिनु, संसय टरै न टारी ।5।

* *

माधव ! मो समान जग माहीं।
सब बिधि हीन, मलीन, दीन अति, लीन–बिषय कोउ नाहीं ।1।

* *

तुम सम हेतुरहित कृपालु आरत–हित ईस न त्यागी।
मैं दुख–सोक–बिकल कृपालु ! केहि कारन दया न लागी ।2।

* *

नाहिंन कछु औगुन तुम्हार, अपराध मोर मैं माना।
ग्यान –भवन तनु दियेहु नाथ, सेउ पाय न मैं प्रभु जाना ।3।

* *

बेनु करील, श्रीखंड बसंतहिं दूषन मृषा लगावै।

सार–रहित हत–भाग्य सुरभि, पल्लव सो कछु किमि पावै ।4 ।

* *

सब प्रकार मैं कठिन , मृदुल हरि,दृढ़ बिचार जिय मोरे ।
तुलसिदास प्रभु मोह–सृंखला, छुटिहि तुम्हारे छोरे ।5 ।

* *

माधव! मोह–फाँस क्यों टूटै ।
बाहिर कोटि उपाय करिय, अभ्यंतर ग्रन्थि न छूटै ।1 ।

* *

घृतपूरन कराह अंतरगत ससि–प्रतिबिंब दिखावै ।
ईंधन अनल लगाय कलपसत, औटत नास न पावै ।2 ।

* *

तरू–कोटर महँ बस बिहंग तरू काटे मरै न जैसे ।
साधन करिय बिचार–हीन मन सुद्ध होइ नहिं तैसे ।3 ।

* *

अंतर मलिन बिषय मन अति तन पावन करिय पखारे ।
मरइ न उरग अनेक जतन बलमीकि बिबिध बिधि मारे ।4 ।

* *

तुलसिदास हरि–गुरू–करूना बिनु बिमल बिबेक न होई ।
बिनु बिबेक संसार –घोर–निधि पार न पावै कोई ।5 ।

* *

माधव! असि तुम्हारि यह माया ।
करि उपाय पचि मरिय, तरिय नहिं , जब लगि करहु न दाया ।1 ।

* *

सुनिय , गुनिय, समुझिय ,समुझाइय, दसा हृदय नहिं आवै ।
जेहि अनुभव बिनु मोहजनित भव दारून बिपति सतावै ।2 ।

* *

ब्रह्म–पियूष मधुर सीतल जो पै मन सो रस पावै ।
तौ कत मृगजल–रूप बिषय कारन निसि–बासर धावै ।3 ।

* *

जेहिके भवन बिमल चिंतामनि, से कत काँच बटोरै।
सपने परबस परै, जागि देखत केहि जाइ निहोरै।4।

* *

ग्यान–भगति साधन अनेक, सब सत्य ,झूँठ कछु नाहीं।
तुलसिदास हरि –कृपा मिटै भ्रम, यह भरोस मन माहीं।5।

* *

हे हरि! कवन दोष तोहिं दीजै।
जेहिं उपाय सपनेहुँ दुरलभ गति सोइ निसि–बासर कीजै।1।

* *

जानत अर्थ अनर्थ –रूप, तमकूप परब यहि लागे।
तदपि न तजत स्वान अज खर ज्यों, फिरत बिषय अनुरागे।2।

* *

भूत–द्रोह कृत मोह–बस्य हित आपन मैं न बिचारो।
मद–मम्त्सर–अभिमान ग्यान–रिपु, इन महँ रहनि अपारो।3।

* *

बेद–पुरान सुनत समुझत रघुनाथ सकल जगब्यापी।
बेधत नहिं श्रीखंड बेनु इव, सारहीन मन पापी।4।

* *

मैं अपराध–सिंधु करूनाकर! जनत अंतरजामी।
तुलसिदास भव–ब्याल–ग्रसति तव सरन उरग–रिपु –गामी।5।

* *

हे हरि! कवन जतन सुख मानहु।
ज्यों गज–दसन तथा मम करनी, सब प्रकार तुम जानहु।1।

* *

जो कछु कहिय करिय भवसागर तरिय बच्छपद जैसे।
रहनि आन बिधि, कहिय आन, हरि पद–सुख पाइय कैसे।2।

* *

देखत चारू मयूर बयन सुभ बोलि सुधा इव सानी।
सबिष उरग–आहार , निठुर अस, सह करनी वह बानी।3।

* *

अखिल–जीव–वत्सल, निरमत्सर, चरन–कमल–अनुरागी।
ते तब प्रिय रघुबीर धीरमति, अतिसय निज–पर–त्यागी।4।

* *

जद्यपि मम औगुन अपार, संसार –जोग्य रघुराया।
तुलसिदास निज गुन बिचारि करूनानिधान करू दाया।5।

* *

हे हरि! कवन जतन भ्रम भागै।
देखत , सुनत , बिचारत यह मन, निज सुभाउ नहिं त्यागै।1।

* *

भगति –ज्ञान– बैराग्य सकल साधन यहि लागि उपाई।
कोउ भल कहउ देउ कछु, असि बासना न उतरे जाई।2।

* *

जेहि निसि सकल जीव सूतहिं तव कृपापात्र जन जागै।
निज करनी बिपरीत देखि मोहिं समुझि महा भय लागै।।3।

* *

जद्यपि भग्न –मनोरथ बिधिबस, सुख इच्छत दुख पावै।
चित्रकार करहीन जथा स्वारथ बिनु चित्र बनावै।4।

* *

हृषीकेश सुनि नाउँ जाउँ बलि, अति भरोस जिय मोरे।
तुलसिदास इंद्रिय–संभव दुख , हरे बनिहिं प्रभु तोरे।5।

* *

हे हरि! कस न हरहु भ्रम भारी।
जद्यपि मृषा सत्य भासै जबलगि नहिं कृपा तुम्हारी।1।

* *

अर्थ अबिद्यमान जानिय, संसृति नहिं जाइ गोसाईं।

बिन बाँधे निज हठ सठ परबस परयो कीरकी नाईं |2 |

* *

सपने ब्याधि बिबिध बाधा जनु मृत्यु उपस्थित आई |
बैद अनेक उपाय करै जागे बिनु पीर न जाई |3 |

* *

श्रुति–गुरू–साधु–समृति–संमत यह दृष्य असत दुखकारी |
तेहिं बिनु तजे , भजे बिनु रधुपति, बिपति सकै को टारी |4 |

* *

बहु उपाय संसार–तरन कहँ, बिमल गिरा श्रुति गावैं |
तुलसिदास मैं–मोर गये बिनु जिउ सुख कबहुँ न पावै |5 |

* *

श्री हे हरि! यह प्रभु की अधिकाई |
देखत, सुनत, कहत, समुझत संसय–संदेह न जाई |1 |

* *

जो जग मृषा ताप –त्रय– अनुभव होइ कहहु केहि लेखे |
कहि न जाय मृगबारि सत्य, भ्रम ते दुख होइ बिसेखे |2 |

* *

सुभग सेज सोवत सपने, बारिधि बूड़त भय लागै |
कोटिहूँ नाव न पार पाव सो, जब लगि आपु न जागै |3 |

* *

अनबिचार रमनीय सदा, संसार भयंकर भारी |
सम–संतोष–दया–बिबेक तें, ब्यवहारी सुखकारी |4 |

* *

तुलसिदास सब बिधि प्रपन्च जग, जदपि झूठ श्रुति गावै |
रधुपति– भगति, संत–संतति बिनु, को भव–त्रास नसावै |5 |

* *

मैं हरि साधन करइ न जानी |
जस आमय भेषज न कीन्ह तस, दोष कहा दिरमानी |1 |

* *

सपने नृप कहँ घटै बिप्र–बध , बिकल फिरै अघ लागे।
बाजिमेध सत कोटि करै नहिं सुद्ध होइ बिनु जागे ।2 ।

* *

स्त्रग महँ सर्प बिपुल भलदायक, प्रगट होइ अबिचारे।
बहु आयुध धरि, बल अनेक करि हारहिं , मरइ न मारे ।3 ।

* *

निज भ्रम ते रबिकर–सम्भव सागर अति भय उपजावै।
अवगाहत बोहित नौका चढ़ि कबहूँ पार न पावै ।4 ।

* *

तुलसिदास जग आपु सहित जब लगि निरमूल न जाई।
तब लगि कोटि कलप उपाय करि मरिय, तरिय नहिं भाई ।5 ।

* *

अस कछु समझि परत रघुराया!
बिनु तव कृपा दयालृ! दास–हित! मेह न छूटै माया ।1 ।

* *

बाक्य–ग्यान अत्यंत निपुन भव–पार न पावै कोई।
निसि गृहमध्य दीपकी बातन्ह, तम निबृत नहिं होई ।2 ।

* *

जैसे कोइ इक दीन दुखित अति असन–हीन दुख पावै।
चित्र कलपतरू कामधेनु गृह लिखे न बिपति नसावै ।3 ।

* *

षटरस बहुप्रकार भोजन कोउ, दिन अरू रैनि बखानै।
बिनु बोले संतोष–जनित सुख खाइ सोइ पै जानै ।4 ।

* *

जबलगि नहिं निज हदि प्रकास , अरू बिषय –आस मनमाहीं।
तुलसिदास तबलगि जग–जोगि भ्रमत सपनेहुँ सुख नाहीं ।5 ।

* *

जौ निज मन परिहरै बिकारा।

तौ कत द्वैत–जनित संसृति–दुख, संसय, सोक अपारा।1।

* *

सत्रु, मित्र , मध्यस्थ, तीनि ये, मन कीन्हें बरिआई।
त्यागन, गहन, उपेच्छनीय, अहि, हाटक तृनकी नाई।2।

* *

असन ,बसन, पसु बस्तु बिबिध बिधि सब मनि महँ रह जैसे ।
सरग, नरक, चर –अचर लोक बहु, बसत मध्य मन तैसे।3।

* *

बिटप–मध्य पुतरिका, सूत महँ कंचुकि बिनहिं बनाये।
मन महँ तथा लीन नाना तनु, प्रगटत अवसर पाये।4।

* *

रघुपति–भगति–बारि–छालित–चित, बिनु प्रयास ही सूझै।
तुलसिदास कह चिद–बिलास जग बूझत बूझै।5।

* *

मैं केहि कहौं बिपति अति भारी।
श्रीरघुबीर धीर हितकारी।1।

* *

मम हृदय भवन प्रभु तोरा।
तहँ बसे आइ बहु चोरा।2।

* *

तहँ कठिन करहिं बरजोरा।
मानहिं नहिं बिनय निहोरा।3।

* *

तम, मोह, लोभ, अहँकारा।
मद, क्रोध, बोध–रिपु मारा।4।

* *

अति करहिं उपद्रव नाथा।
मरदहिं मोहि जानि अनाथा।5।

* *

मैं एक, अमित बटपारा।
कोउ सुनै न मोर पुकारा।6।

* *

भागेहु नहिं नाथ! उबारा।
रघुनायक, करहुँ सँभारा।7।

* *

कह तुलसिदास सुनु रामा।
लूटहिं तसकर तव धामा।8।

* *

चिंता यह मोहिं अपारा।
अपजस नहिं होइ तुम्हारा।9।

* *

मन मेरे , मानहिं सिख मेरी।
जो निजु भगति चहै हरि केरी।1।

* *

उर आनहिं प्रभु–कृत हित जेते।
सेवहिं ते जे अपनपौ चेते।2।

* *

दुख–सुख अरू अपमान–बड़ाई।
सब सम लेखहि बिपति बिहाई।3।

* *

सुनु सठ काल–ग्रसित यह देही।
जनि तेहि लागि बिदुषहि केही।4।

* *

तुलसिदास बिनु असि मति आये।
मिलहिं न राम कपट–लौ लाये।5।

* *